Die Geister Asiens

Von Tibet bis Papua-Neuguinea

ReiseArt®

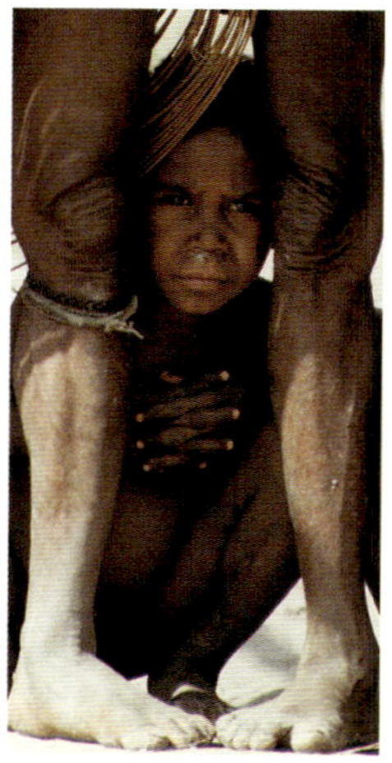

Die Geister Asiens

Von Tibet bis Papua-Neuguinea

Texte und Fotos

Éric Lobo

ReiseArt®

Inhalt

EUROPE
RUSSIE
ASIE
CHINE
JAPON
Océan Pacifique
Karakorum
Plateau du Tibet
Srinagar
PAKISTAN
Lhassa
Katmandou
NÉPAL
BHOUTAN
BANGLADESH
MYANMAR (Birmanie)
INDE
AFRIQUE
Mer d'Arabie
Golfe du Bangale
Mer des Andaman
Yangoon
LAOS
Ventiane
THAÏLANDE
Bangkok
CAMBODGE
Phnom-Penh
Golfe du Siam
Mer de Chine
MALAISIE
Kuala Lumpur
Bornéo
INDONÉSIE
Sumatra
Djakarta
ÎLES MENTAWAI
Mer d'Arafura
Océan Indien

Autonome Region *Tibet.*
»Bkra-Shis Bde-legs!« (Guten Tag!).

(Die vorigen Seiten)
Autonome Region *Tibet.*
Während des Mittsommerfestes wird ein riesiger *Thangka* von 3.600 Quadratmetern Größe. Er stellt den *Buddha Sakyamuni* umringt von seinen Schülern dar, den Gläubigen vorgeführt.

Tibet
Ladakh

Geister der Gipfel

Ladakh – Kleines *Tibet*. Eine *Ladakh*-Frau in der Nähe des Klosters *Lamayuru*, neben dem von *Hemis* eines der berühmtesten Klöster von *Ladakh*.

(rechts)
Ladakh – Kleines *Tibet*. Zum Schutz vor der Kälte aus dem *Himalaya* tragen die Frauen in *Ladakh* ein »Mini«-*peyrac* , eine Haube aus Lammhaut, die traditionelle Kopfbedeckung, geschmückt mit Türkisen und Silberstücken.

Das Buch von *Ernst Haas »Himalayan Pilgrimage«* hat einen tiefen Eindruck bei uns hinterlassen. Wir waren fasziniert von seinen Beschreibungen des traditionellen Lebens in *Ladakh*, der buddhistischen Rituale in *Bhutan* und *Tibet*, von der ganzen mystischen Dimension, die an die Fähigkeit einiger dieser Re-gionen, die Zeit überwinden zu können, geknüpft ist, so dass wir beschlossen, uns auf zur Entdeckung des *Himalaya* zu machen.

Das verpatzte Rendezvous mit *Ladakh*

Unsere Reise beginnt in *Kaschmir*. Auf einem bescheidenen Hausboot mit dem klangvollen Namen »New Kaschmir Palace Super Delux« auf dem See *Dal* in *Srinagar* warten wir auf *Ismael*, unseren kaschmirischen Ansprechpartner, der uns nach *Leh*, der administrativen Hauptstadt von *Ladakh* führen soll. Es ist vier Uhr morgens. Auf dem Dach unseres Hausbootes brüllt der Lautsprecher »*Allah* o akbar!« (»Allah ist groß!«) zur Beachtung durch alle Gläubigen.
In dieser moslemischen Hochburg im Norden *Indiens*, an der indisch-pakistanischen Waffenstillstandslinie, ist die Natur mild, aber wir verlassen *Srinagar*, ohne den Charme dieses zweiten *Venedigs*, in das die Engländer vor der mörderischen Hitze der indischen Ebenen flüchteten, erleben zu können. Eine unglaublich gewundene und gefährliche Bergstraße, die von Oktober bis April wegen der klimatischen Bedingungen unpassierbar bleibt, führt uns bis zum Dorf *Kargil* ca. 230 km entfernt, etwa in der Mitte zwischen *Srinagar* und *Leh* liegend. Das ist unsere letzte Etappe vor dem buddhistischen Land. An jeder kleinen Verkaufsbude der Hauptstraße entlang, hängt ein Porträt vom Imam *Khomeiny* als Protest

Ladakh – Kleines *Tibet*. Das Kloster *Lamayuru* im *Industal* ist ohne Zweifel eines der ältesten und ehrwürdigsten lamaistischen Klöster. Nach der Legende wurde es vom Mönch Naropa, einem großen Heiligen, der im 11. Jahrhundert lebte, gegründet und wird heute von den Lamas der Sekte *Dringungpa* bewohnt. Die Gebäude am Rande des grünen Tales sind *Choten*, die tibetische Version des indischen *Stupa*. Schon ihr Vorhandensein zeigt an, dass man sich in einem buddhistischen Land befindet. Es handelt sich um Grabhügel, in denen die Asche eines Toten, manchmal die eines Lama oder einer frommen Persönlichkeit, aufbewahrt wird. Die Grabhügel sind fünf aufeinander getürmten Elementen zusammengesetzt: Sie symbolisieren von der Basis bis zur Spitze den Fortschritt vom Groben zum Feinen, so wie der geistige Fortschritt das gewöhnliche Wesen zu einem Niveau von *Buddha* führt. Das quadratische Fundament repräsentiert das Element »Erde«, die abgerundete Kuppel das »Wasser«, der dreieckige Pfeil das »Feuer«, der Regenschirm »Luft« und Sonne, Mond und obere Flamme den feinen »Äther«.

15 Tibet

Autonome Region *Tibet*.
Zwei Pilger überqueren zu Fuß die unendlichen Weiten von *Changthang*, übersetzt aus dem tibetischen *Byang thang* (»Ebene des Nordens«), um an den lamaistischen Feiern in der Mitte des Sommers teilzunehmen.

(rechts)
Autonome Region *Tibet*.
Im Süden durch die *Himalayakette* begrenzt, liegt das Hochplateau, auf dem die Menschen leben, um die 4.000 m über NN hoch. Die Straßen überqueren Pässe von 5.000 m Höhe.

gegen die indische Regierung und als Zeichen der Verbundenheit mit dem schiitischen Islam.
Einige Dutzend Kilometer weiter empfängt uns am Dorfeingang von *Mulbeck* eine eindrucksvolle Buddhastatue, Zei-chen der Religionszugehörigkeit in dieser Region. Von allen Seiten scheinen Felsengipfel in den Himmel zu wachsen. In dieser Dekoration, in der der Stein schon lange die Vege-tation besiegt hat, bahnt sich auf dem Grund eines breiten Tales, das die imposanten Bergriesen von *Himalaya* und *Karakorum* trennt, der Fluß *Indus* seinen Weg.
Wir befinden uns nur wenige Kilometer vor *Leh*. Bei der Fahrt durch das Dorf *Saspol* werden wir kübelweise mit Wasser begrüßt. Unser Wagen ist innen völlig durchnäßt. Wir wollen eher an ein Wasserfest als an einen Ausdruck von Feind-seligkeit der Bewohner glauben, doch dies wird das erste Anzeichen vom bevorstehenden Ende unserer Reise nach *Ladakh* sein.

Wir haben das Glück die wichtigsten *Gompas* (das tibetische Wort für Klöster) besichtigen zu können: *Spituk*, *Shey*, *Thiksé*, *Alchi* sowie die beiden berühmtesten, *Lamayuru* und *Hemis*. Wenig später ordnet die indische Arme an, dass alle Ausländer in ihren Hotels zu bleiben haben und heftige Auseinandersetzungen fordern drei Tote. Der Konflikt bricht zwischen »Einheimischen« und »Eindringlingen« aus, also zwischen *Ladakhis* und *sunnitischen Kaschmiris*. Letztere kommen auf Umwegen über Handel und Tourismus nach *Ladakh*. In den Mo-naten Juni und Juli hatte es schon mehrere Zusammenstöße in den Tälern von *Leh* und *Kargil* gegeben.
Am 8. August 1989, als wir ausgewiesen werden, geraten wir bei Einbruch der Nacht in einen Hinterhalt am *Khalsi*. Mehrere Dutzend Autos mit Touristen werden mit Steinwürfen attackiert, einige gehen in Flammen auf. Es regnet Steine von der Größe der *Pariser* Pflastersteine. Unsere Seitenfenster

Autonome Region ***Tibet.***
Am Ufer des Sees *Yamdrok* legt das Dorf *Nangartse* seine festliche Kleidung für die Neujahrsfeier an. Gebetsfahnen schmücken die Dächer der Häuser.

(rechts)
»La-Rgyal-Lo« (»Die Götter haben gesiegt!«). Erst nachdem die Nomaden zu Ehren der Götter, die die reisenden Hirten beschützen, einen Stein auf einen kleinen Steinhügel, abgelegt haben, zieht ihre Karawane über einen vom Nebel verhangenen Pass in 5.300 m Höhe weiter.

und die Windschutzscheibe gehen in die Brüche. Geduckt am Boden des Wagens schützen wir uns mit unseren Rucksäkken. Es gibt etwa dreißig Verletzte, darunter *Ismael*, der schwer im Gesicht getroffen wird, sowie weitere zehn Touristen.
Nach einer langen Fahrt von sechzehn Stunden verlassen wir widerwillig die Region, ohne mit dem Finger das Geheimnis von *Ladakh* berühren zu können, das einmal mehr seinem Ruf als unzugängliches Land treu geblieben. Wir wollen von Westen nach *Lhasa* reisen, durch die großen Hochebe-nen von *Changthang*, am Berg *Kailas* entlang, dem heiligsten Berg ganz Asiens und Mittelpunkt des Universums für Buddhisten und Hindus, am See *Manasarovar* vorbei. Nachdem dieser Versuch gescheitert, entschließen wir uns, das Projekt zu verschieben.

Die Entdeckung Tibets

Mehrere Monate vergehen, und wir stehen erneut vor den Toren *Tibets*, an der chinesisch-nepalesischen Grenze in Richtung *Lhasa*, wo wir beabsichtigen, sowohl die Feste inmitten des Sommers als auch alle großen Klöster, die noch erhalten waren, zu besuchen. Nach *Tibet* zu kommen war seit kurzem nicht mehr so schwer und abenteuerlich wie in der Vergangenheit, sei es über die Hochtäler des afghanischen *Pamir* oder des *Karakorum*, sei es über *Ladakh* oder *Nepal*. Bis zum Anfang des 20. Jahrhunderts machte die geographische Lage dieses Landes der Extreme, dessen Lebensraum sich zwischen 3.200 und 4.200 m über NN erstreckt, in dem die Straßen und Wege über 5.000 m hohe Pässe führen und die Berge zwischen 7.000 m und 8.000 m hoch sind, unzugänglich. Darüber hinaus haben verschiedene tibetische

Regierungen, gefangen in ihren mittelalterlichen Strukturen, jede Modernisierung abgelehnt und praktisch keinen Ausländer ins Land gelassen. Fast fünfzig Jahre lang hat die *Pekinger* Regierung dazu noch einen Sperrbezirk um *Tibet* gezogen. Die Grenzen waren geschlossen, jedes Visum wurde abgelehnt und während *Maos* »Kul-turrevolution« waren die Grenzen nach *Tibet* noch undurchdringlicher. Im Jahr 1984 öffnete die *Pekinger* Regierung das Land für den Tourismus. Doch nach antichinesischen Demon-strationen im Oktober 1987, denen ein Massaker und die Verhaftungen Hunderter von Mönchen folgten, verhängten die *Chinesen* das Standrecht und schlossen die Grenzen nach *Tibet* erneut. Heute sind sie wieder geöffnet und wir erhalten von der chinesischen Botschaft die Erlaubnis in »überwachter Freiheit« zu reisen. Endlich würden wir das Reich betreten, dass so lange hinter den vom Wind gepeitschten Hochebenen versteckt war; mit Seen so türkisblauen wie der Schmuck der Tibeter in *Lhasa*; mit seinen Lamas in granatfarbenen Roben und safranfarbenen Mützen; seinen runden, lachenden, von den extremen Klimabedingungen gezeichneten Gesichtern; seinen den Palast mit goldenen Dächern von *Jokhang* umkreisenden Pilgern und seinen von Glauben, Religion, Gesängen und Gottheiten dröhnenden Festen.

Kaum dass wir den Grenzposten von *Khasa* hinter uns gelassen haben, machen wir mit den alltäglichen Realitäten von *Tibet* Bekanntschaft. Nachdem wir einige hundert Meter, die uns vom chinesischen Posten trennen, überwunden haben, kommen wir am Schlagbaum an. Hier müssen wir die Träger wechseln. Die Tibeter, die schon auf unsere Rucksäcke lauern, werden die nepalesischen Sherpas von Kodari ersetzen. Die Auseinandersetzungen unter ihnen beginnen hinter einem Kordon von chinesischen Soldaten, die sie in einem Kreis mit

Autonome Region *Tibet* – *Changthang*. Die Yaks am Ufer des Sees *Namtsho*. Man ißt das Fleisch, die Milch und die Butter vom Yak. Aus seinem Fell macht man Zelte, Leinen und Decken, aus dem Leder die Sohlen für die Stiefel und sein Mist sind das einzig verfügbare Brennmaterial. Es ist schwer für einen Tibeter, sich das Leben ohne Yaks vorzustellen!

(rechts)
Autonome Region *Tibet*. – *Changthang*.
Die Nomadenfamilien vom Stamm der *Drokpa* leben nördlich der Berge *Nyantchen Thanglha*, in einer Höhe von über 4.500 m über NN. Als einzige Kleidung tragen die Kinder die *chuba* aus Schafshaut. Damit sie in der Nacht nicht verloren gehen, sind am Gürtel Glöckchen befestigt.

ausgestreckten Armen auseinander halten, während andere Stockschläge austeilen, denen die Tibeter - ein eigenartiges Spektakel - mit einem Lachen begegnen. Bevor unser Gepäck zum Wagen getragen wird, muss es von Soldaten durchsucht werden. Zum großen Glück finden sie nicht die etwa hundert großformatigen Bilder vom *Dalai Lama*. Ihr Besitz ist zu dieser Zeit auf chinesischem Territorium streng verboten und hätte eine unmittelbare Ausweisung zur Folge.
Wir sind beruhigt, als wir feststellen, dass unser Ansprechpartner und unser Fahrer, die uns am Dorfausgang erwarten, beide Tibeter sind. Dies wird unsere Kontakte während des ganzen Abenteuers erleichtern.
Nachdem wir die tiefen Schluchten des Flusses *Pö Chu* hinter uns gelassen haben, machen wir Halt in *Nyalam*, dem hochgelegenen Dorf zwischen den Gipfeln des *Xixabagma* (8.016 m) im Westen und dem *Cho Oyu* (8.153 m) im Osten. Wir verbringen die Nacht in einem guest-house mit bescheidenem Komfort. Höhe, Kälte: und Feuchtigkeit und die Abwesenheit des legendären *Yeti* geben den Ton unserer ersten Übernachtung im Autonomen Gebiet *Tibet* an. Die nächste Etappe bringt uns nach *Dingri*, einer fast glatten, wüstenähnlichen Hochebene, ins erste tibetische Dorf, das gleichzeitig auch erster strategischer Posten an der Straße zwischen *Kathmandu* und *Lhasa* ist. Im Süden bleibt unser Blick an der Bergkette des *Himalaya* hängen: Der Orkan über dem Gipfel des Berges *Chomolungma* (8.848 m), den die Tibeter die »Göttin-Mutter der Erde« nennen, ähnelt einem riesigen Schornstein, aus dem weißer Rauch entweicht. Unser Weg geht weiter gen Osten, nach *Shigatse*. Unterwegs machen wir halt an einer auf dem Felsen von *Shekar* (Shel-dkar) errichteten Festung. Zu Füßen der langen Mauer, die bis zum Kloster heranreicht, schenkt uns ein Mädchen ein *Tsha-*

Autonome Region *Tibet.*
Ein Kind im Kloster *Sakya.*

(rechts)
Autonome Region *Tibet.* – Gersteernte in der Nähe von *Nethang.* Neue Technik hält Einzug.

(Folgende Seiten)
Autonome Region *Tibet.* – Provinz *Tsang. Gyantsa*, der Hohe Ort von *Tibet.* Das von *Buddha* vorhergesagte Kloster ist keine Mönchsinstitution im engeren Sinne, sondern eine Vereinigung von sechzehn Schulen, die unterschiedlichen Glaubensrichtungen angehören, darunter die der *Sakyapa* und *Gelugpa.*

tsha, eine kleine Votivtafel aus Ton, die einen *Mini-Choten* zeigt ein heiliges Geschenk. Etwas weiter, in *Lhatse*, einem sehr chinesischen Garnisonsdorf, legen wir eine Pause ein, um zu tanken und eine Tasse Tee zu trinken. Unser Führer bestellt Mittagessen. Junge Tibeter in Lumpen und mit rotzigen Nasen warten an der Tür des Holzschuppens. Kaum stehen wir vom Tisch auf, schon stürzen sie sich auf unsere Teller, um die Reste abzulecken. Einige Kilometer von *Lhatse* entfernt begegnen wir einer Karawane Richtung *Nepal*, die schwer mit Salz beladen ist.

Ein besetztes Land

Die Straßen, die wir passieren, sind im Allgemeinen in gutem Zustand, nur die Überquerungen der Flüsse können im Sommer Schwierigkeiten bereiten: Ein Rinnsal kann sich in wenigen Sekunden in eine rauschende Flut- und Schlammwelle verwandeln, die die leichten Wagen mit sich fortträgt und umkippt. Während des indischen Monsuns staut sich das Wasser hinter den kleinen Erddämmen, die unter diesem Gewicht brechen. Nach stundenlanger Fahrt mit einer Durchschnittsgeschwindigkeit von 40 Stundenkilometern erreichen wir *Shingtse* und entdecken die ersten Klöster. Einige Kultstätten sind wieder geöffnet, aber die Zahl der Mönche, denen es erlaubt ist sich dort wieder niederzulassen, ist ernüchternd. Kaum einige Hundert kehrten dorthin zurück, wo es früher über zehntausend granatfarbene Robenträger

gab. Wir verteilen den Großteil unserer Zeit auf die wichtigsten *Gompas* von *Shegar*, *Sakya*, *Shigatse*, *Gyantse*, *Sera* und insbesondere von *Drepung*, *Ganden* und *Lhasa*, getragen vor allem von dem Wunsch, Menschen zu begegnen und mit ihnen Ideen, Erfahrungen und Erkenntnisse auszutauschen. Durch die Augen der Mönche, denen die Chinesen das Privileg erteilten, diese Ruinen zu beziehen, lernen wir *Tibet* zu entdecken. Das Feiern der Feste und die Vorbereitungen erleichtern den Kontakt. Die jungen Mönche vertrauen uns gerne ihren Frust und ihre alltäglichen Schwierigkeiten an. Einige von ihnen zeigen uns heimlich die respektlosen und erniedrigenden Schäden als Folgen der chinesischen »Kulturrevolution«: so den prunkvollen *Palast des Großen Fünften, Lobsang Gyamtsho*, dem fünften *Dalai Lama*, der mit weißem Kalk gestrichen wurde und in dem die propagandistischen Bildnisse von *Mao* die Buddhamalereien aus dem 17. Jahrhundert ersetzt haben. In *Tibet* sind die Chinesen zu Meistern der Desinformation geworden. In einem TV-Spot helfen Polizisten in weißen Handschuhen Kindern über die Straße und Umarmungen zwischen Tibetern und *Chinesen* werden systematisch den regionalen Informationen zugeführt. Doch im Garten von *Jo-khang* zeigt sich ein ganz anderes Bild: Chinesische Polizisten bieten jeden Nachmittag unter den erregten Blicken von *Khampas*, diesen soliden Kriegern aus dem Osten, Darbietungen von Kung-fu. Und die Soldatenkolonnen, die dauernd die Stadt durchkämmen, stehen eher für eine Besetzung als ein harmonisches Zusammenleben. Im Hotel fällt uns ein erstaunliches Spektakel auf: Chinesische Schauspieler parodieren tibetische Tänze. Und in der für die Touristen bestimmten Literatur, wie *The Jubilat Tibet*, werden Bilder von glücklichen Tibetern, chinesischen Delegationen, die als große Befreier auftreten, von neu

errichteten Gebäuden in der Art der tristen kommunistischen Architektur, von Festen, religiösen Riten und selbst glücklichen Touristen gezeigt!
Aber es häufen sich die Aufstände. Vom Rest der Welt getrennt besinnt sich *Tibet* auf seine Wunden - seine Gefängnisse sind voller Mönche. Die Chinesen lassen sich vor den tibetischen Symbolen (dem verlassenen Sitz des *Dalai Lama*, vor einem Denkmal...) fotografieren wie Jäger mit dem Fuß auf der Beute.

Das Entrollen des Großen Thangka

Die Feierlichkeiten des dreißigsten Tages im sechsten Monat des tibetischen astrologischen Kalenders stellen einen wichtigen Moment für das Kloster von *Drepung* dar - ohne Zweifel eines der größten der Welt, dessen Aufschwung dem Einfluss der Sekte der Gelben Mützen (*Gelugpa*) zu verdanken ist, die einst bis zu fünfhundert zweitrangige Klöster kontrollierte. In der Vergangenheit beherbergte diese Mönchsuniversität bis zu zehntausend Mönche. Im Gegensatz zum *Potala*, wo während der Feierlichkeiten im zweiten Monat des Jahres das riesige Seidentuch, das *Große Thangka*, an den weißen Mauern der Festung aufgehängt wird, breitet das Kloster von *Drepung* während des großen Gebetes seines vor den Gläubigen aus.
Es ist vier Uhr morgens und ich marschiere mit unserem Führer T. durch die dunkle Nacht. In unserer Nähe hören wir durch den ohrenbetäubenden Lärm des Regens die Schritte tausender Tibeter auf dem Weg zum Kloster von *Drepung*. Einige kommen mit ihrer gesamten Familie von sehr weit her: von Osten (*Kham* und *Amdo*) oder aus den Hochebenen im Norden (*Changthang*) und nehmen dabei monatelange

Autonome Region *Tibet*. – *Gyantse*. Durch seine geographische Position war *Gyantse* schon immer eine Festung, wie die Zitadelle, der *Dzong*, und die Stadtmauer, die die sechzehn Kollegien einkreiste, bezeugen. Es war aber auch ein wichtiges Handelskreuz auf dem Karawanenweg zwischen *Lhasa*, *Shigatse* und der Straße nach *Sikkim* und *Bhutan*. Heute sind außer dem Tempel *Palkor Chode* und seinem großen *Choten Kumbum* nur noch wenige Gebäude erhalten. In ihnen leben noch eine Handvoll Mönche.

Fußmärsche und den tagelangen Transport auf Lastwagen auf sich, um an den Feiern teilzunehmen und ihren religiösen Gefühlen freien Lauf zu lassen.

Bei Tagesaufbruch sind es über fünfzigtausend Gläubige, die sich um das 3.600 Quadratmeter große Seidentuch, das den *Buddha Sakyamuni* und seine Schüler zeigt, versammelt haben und auf den Beginn des Gebetes warten. Am Fuße dieses Meisterwerks betrachten die vierzehn Handwerker, die das Tuch gewebt haben, mit Stolz ihre Arbeit. Es fehlt allerdings eine wichtige Persönlichkeit. Der, der am ersten Tag des fünften Monats im Jahr des Holzschweins (1935) geboren wurde, der, den man »Ozean der Weisheit« nennt, *Tenzin Gyamtsho*, der vierzehnte *Dalai Lama*, ist nicht da. Er allein ist abwesend, aber er allein ist auch im Bewusstsein der Tibeter anwesend. Die tiefe Stimme des Großen Lama ertönt über den Hügel, in einer feuchten, mit Wacholderrauch gesättigten Luft. Wird es dem Ton aus den riesigen Zeremoniehörnern, den *Dung-chen*, gelingen, die bösen Geister zu vertreiben?

Das Unaussprechliche drückt sich im alten Tanz der Mönche aus, dem Symbol der Besänftigung der bösen Kräfte durch die Götter. Die darin versteckte Botschaft wendet sich an die Besatzer. Musik und Bewegungen erzählen von ihrer Niederlage: Wie können sie ein Land besiegen, das Mitleid mit ihnen hat?

Den Tänzen des Yaks folgen vor dem *Thangka* die der »Schwesterngöttinnen« vom Theater *Iha-mo*. Danach werden die tibetischen Opern im Hof des Klosters aufgeführt. Früher boten diese Feierlichkeiten den Klosteroberen die angenehme Gelegenheit, ihre Gäste bei einer Tasse Tee oder beim Essen zu empfangen. Heute noch ziehen sich die Verwandten und Freunde der Mönche, die zu den Tänzen gekommen sind, ihre

Autonome Region *Tibet.* – *Lhasa.* »Vom Gipfel des *Potala* schlug man die goldene Trommel des Sieges, um alle religiösen Orden zur Versammlung zu rufen.« *Mantras*, Worte der Kraft und Macht, gedruckt auf Stoffbahnen, wehen hier inmitten von tausenden von Fahnen.

beste Kleidung an. Jeder teilt seinen Reis und seinen Tee in einer freundschaftlichen und entspannten Atmosphäre. Nicht viel weiter konnten früher die Gläubigen auf ihrer Pilgerfahrt ein etwas besonderes Orakel besuchen - das Orakel von *Karmashar*, das in seiner Trance die Zukunft für das folgende Jahr vorhersagte.

Der Glaube der Tibeter verstimmt die Besatzer. Die Chinesen versuchen, die Herrschaft über alle Feste zu erlangen, indem sie sie erlauben oder verbieten. Weil sie aber den vollständigen tibetischen Kalender der Feste nicht kennen und den Willen der Mönche, sie zu organisieren, unterschätzen, fehlt ihnen der Überblick. Jedes unvorhergesehene Ereignis ist unkontrollierbar. Während der Zeremonie des Entrollens des *Thangka* steigt für einen Augenblick die Spannung an. Panikschreie sind hinter uns zu hören. An der Stelle, von wo aus sie die Zeremonie beobachtet, stürzt plötzlich eine Tibeterin eindrucksvoll hin. Überrascht und blitzschnell dreht sich der Soldat vor uns um, die Maschinenpistole im Anschlag. Es ist das zweite Mal innerhalb von zwei Tagen, dass wir eine solche Szene erleben. Gestern, nach unserem Spaziergang auf dem *Bar-bskor*, dem Weg um den *Jo-khang*, wo wir die Gläubigen bei ihrer eindrucksvollen Niederwerfung der Sühne beobachteten (sie werfen sich mit der ganzen Körperlänge und mit nach vorne ausgestreckten Armen, die Handflächen zum Boden, in den Staub, dann stehen sie auf und machen dort weiter, wo ihre Hände den Erdboden berührten), als wir uns dem Platz vor dem *Jo-khang* näherten, auf dem eine lärmende und lebhafte Auseinandersetzung unter Tibetern einen Menschenauflauf verursachte. Einige Meter entfernt waren zwei Polizisten auf dem Dach der Polizeistation schon dabei ihre Gewehre durchzuladen und die Menge ins Visier zu nehmen. Eine unkontrollierte Geste hätte genügt,

Autonome Region *Tibet*. – *Lhasa*. Auf dem *Bar-bskor* in *Lhasa* scheinen die Frauen, trotz der schweren Last von Steinen, die für die Renovierung von *Jokhang* benötigt werden, glücklich zu sein.

(rechts)
Autonome Region *Tibet*.
Im Kloster *Drepung*, in tibetisch *Bras-spung*, »Reishaufen«, schmücken junge Mönche alle Fenster für die Feierlichkeiten in der Mitte des Sommers.

um Blut fließen zu lassen. Wir haben noch immer die Erklärung des *Dalai Lama* vor den Vereinten Nationen 1960 im Kopf, über die noch nicht allzu weit zurückliegenden Massaker an hunderten von Mönchen und die massiven Verhaftungen im Oktober 1987, den Widerhall derer die im März 1989 die durch das Standrecht erstickt wurden sowie darüber hinaus die in aller Stille erfolgte Gewalt:
»Zehntausende wurden getötet, nicht nur im Kampf, sondern auch abseits davon, einzeln und mit Absicht. Sie wurden ohne Gerichtsurteil getötet, des Widerstandes gegen den Kommunismus, der Zusammenrottung verdächtigt oder einfach nur wegen ihrer sozialen Stellung oder ohne jeden Grund. Der wichtigste und hauptsächliche Grund all dieser Morde ist, daß sie auf ihre Religion nicht verzichten wollten. Sie wurden nicht einfach erschossen, sie wurden zu Tode geschlagen, gekreuzigt, lebendig verbrannt, ertränkt, zerrissen, verhungert, gehängt, verbrüht, lebend begraben, aufgeschlitzt und enthauptet. Diese Morde geschahen in der Öffentlichkeit.« (*Dalai Lama*, Auszug aus »Mein Land und mein Volk«, 1962).
Am fünften Tag des siebten Monats nach tibetischem Kalender finden die Feste in *Norbulingka*, der Sommerresidenz des *Dalai Lama*, statt. Sie werden mit der Vorstellung der »Schwesterngöttinnen« vom Theater *lha-mo* vor offiziellen chinesischen Gästen eröffnet. Das chinesische Fernsehen überträgt die Zeremonie live. Meine Freunde, die im Hotel vor ihrem Fernsehgerät saßen, erzählten mir später, sie hätten mich zweimal gesehen, einmal davon auffällig lange.
Aus dem neuerlichen Abenteuer von *Hans* hatten wir offensichtlich nichts gelernt. Einige Tage vorher machten wir in *Gyantse* die Bekanntschaft mit dem etwa fünfzigjährigen deutschen Fotografen *Hans Stücke*, der in der Nähe des

Autonome Region *Tibet*. – *Lhasa*. Am Abend versammeln sich die Frauen zum Gebet in einem kleinen Tempel hinter *Jokhang*, der gerade renoviert wird.

(rechts)
Autonome Region *Tibet*. – *Lhasa*.
Eine Nonne beim Gebet im Kloster *Ani Sang Khung*.

Marktes auf der Suche nach Reisenden umherirrte, die ihm einige Filme verkaufen könnten. Wir verabredeten uns im einzigen Hotel der Stadt, das nur für Touristen reserviert ist. Dort erzählte er uns von seiner Festnahme durch die chinesische Polizei, als er mit dem Fahrrad auf der verbotenen Straße zwischen *Chengdu* und *Lhasa* fuhr. Seit 1962 hat Hans über 400.000 Kilometer nur mit den Muskeln seiner Beine hinter sich gebracht. Die Polizisten hatten wenig Verständnis dafür, dass er sich ohne Reiseerlaubnis und ohne Visum herumtrieb. Sie konfiszierten seine Fotoausrüstung, mit Ausnahme eines beschädigten Gehäuses, mit dem sie nicht umgehen konnten. Bevor sie Festnahmen durchführen, haben die Chinesen die Gewohnheit, die Demonstranten lange zu filmen, um die Rädelsführer herauszufinden. Wir sind nicht darauf erpicht, uns bemerkbar zu machen.
Die Feierlichkeiten sind jetzt vorbei. Wir befürchten, dass unsere Fotoausrüstung ebenfalls konfisziert wird, und ziehen es deshalb vor, *Lhasa* in Richtung der Ebenen im Norden, nach *Byangthang*, zu verlassen.

Auf der Straße der Hochebenen

Wir fahren die Bergkette von *Nyanchen-thangla* entlang, die in einer Höhe von über 7.100 m über NN gipfelt, und erreichen den See *Namtsho* am *Largeh La*, einem 5.200 m hohen Pass, wo wir einer Nomadenkarawane in Richtung *Lhasa* begegnen. Wir steigen anschließend ins Tal von *Yarlung* hinab, um nach *Samye* zu kommen, dem ersten tibetischen Kloster, das unter der Leitung von *Padmasambhava* erbaut wurde, einem großen indischen Weisen, der als Gründer des Ordens »Die Alten« (*Nyingmapa*) gilt, zu jener Zeit (8. Jahrhundert), als der *Buddhismus* zur offiziellen Religion

Autonome Region *Tibet.* –
Lhasa.
Detail an einer Mönchsmütze.

(rechts)
Autonome Region *Tibet.* –
Lhasa.
Yak-Schädeln werden die heiligen
Worte *Buddhas* eingeritzt.

wurde. Das Kloster von *Samye* ist nach dem Modell, das »*mandala*« genannt wird, errichtet worden. Bei den Tempeln, die wir bisher besichtigen konnten, wurde die künstlerische Aussage mit dem religiösen Gefühl verbunden. Die Denkmäler, Klöster oder *Choten* dienen mit ihren Malereien und Skulpturen immer der Meditation. Die Gottheiten werden nach sehr strengen ikonographischen Regeln dargestellt.
Wir setzen unser Abenteuer weiter nach Osten fort, nach *Nethang* und *Tsethang*, zwei tibetischen Städten, die stark unter chinesischem Einfluss stehen. Acht Monate später kommen wir auf dem gleichen Weg wieder zurück, von *Kathmandu* aus zur chinesisch-nepalesischen Grenze am *Kodari*. Diesmal ist es das tibetische Neujahrsfest in *Lhasa*, das wir besuchen wollen. Aber die Unsicherheit was die Grenzformalitäten und die Genehmigung durch die Chinesen betrifft bleibt wie immer.

Der Winter ist eher trocken und kalt, die Straßen, die wir passieren müssen, erscheinen weniger gefährlich als im Sommer. Aber wenig Kilometer, vor der Grenze überrascht uns ein Schneesturm, der uns für mehrere Stunden festhält. Nachdem wir mehrmals von der Straße abgekommen sind, erreicht unser »Land Cruiser Toyota« die tibetische Hochebene. Es ist 23 Uhr. Wir sind in *Kathmandu* um sechs Uhr morgens aufgebrochen, in der Annahme, noch vor der Nacht *Shekar* zu erreichen, aber die Umstände bestimmen es anders. Im ersten chinesischen Militärlager, das wir in 4.700 m Höhe erreichen, bitten wir den Wachposten um die Genehmigung, dort übernachten zu dürfen. Es ist immer noch bequemer auf einer Soldatenpritsche zu schlafen als zu fünft im Wagen.
Wir hatten bis dahin noch nie einen Höhenunterschied von 4.200 m innerhalb eines Tages überwunden, und die

Autonome Region *Tibet.* – *Lhasa.* *Khampa* im Inneren von *Jokhang.*

Auswirkungen machen sich langsam bemerkbar. Wir sind mitten in der Ferienzeit des chinesischen Jahres und das Lager ist fast leer. Ein Raum mit scheibenlosen Fenstern wird uns angeboten. Draußen beträgt die Temperatur -25°C, drinnen dürfte sie gnädigerweise bei 0°C liegen. Eine Alptraumnacht zieht herauf. Eingewickelt in alle Polarpelze und alle Handschuhe und Pelzmützen übergezogen, kriechen wir unter das Daunenbett, ein Überbleibsel aus den Restbeständen der französischen Armee. Der Kampf gegen die Kälte beginnt. Die ersten zwei Stunden vergehen mit schlechten Träumen. Die angezogenen Beine tun mir weh und trotz aller Anstrengungen gelingt es mir nicht, Schlaf zu finden.

Die Eiszunge um den Hals meiner Korbflasche am nächsten Morgen gibt mir eine Vorstellung von der nächtlichen Raumtemperatur! Der Himmel, den wir nach unserem Aufstehen erblicken, ist von einer außerordentlichen Reinheit. Im Sommer waren wir es gewöhnt von Regen oder Schnee gezeichneten Landschaften zu begegnen. Das Blau heute ist sehr intensiv. Das Licht, die vollständige Abwesenheit von Nebel, Wolken und jeder Verschmutzung verleihen dem Himmel einen einmaligen Glanz und Tiefe. Unsere Anpassung an die Höhe erfolgt langsam. Das Fenster des Land Cruisers einen Spalt geöffnet, atmen wir die eisige Luft der Hochgebirge tief ein, und im Inneren zeichnet das Kondenswasser auf den beschlagenen Fenstern geometrische Figuren. Weil wir dem Fest den Vorrang geben, machen wir keinen Halt im Kloster von *Sakya*, dessen Bibliothek, in die niemals Licht eindringt, eine unschätzbare Sammlung von tausenden alter tibetischer Manuskripte birgt, die in riesigen dunklen Fachschränken, verstaubt und fast unzugänglich, aufbewahrt werden. Dieses Kloster wurde im 11. Jahrhundert

Autonome Region *Tibet*. –
Lhasa.
Die Zubereitung von *Torma*, einem kegelförmigen Kuchen, der aus *Tsampa*, geröstetem *Gingke*-Mehl und Yak-Butter geknetet wird, gehört zu den Tätigkeiten der *Lamas*. Die *Torma* werden anschließend auf den Altar gelegt oder beim Ritual benutzt.

von *Konchong Gyalpo*, einem in *Tibet* sehr berühmten Heiligen, der viele Wunder vollbrachte, errichtet. Man erzählt, dass dreizehntausend Arbeiter am Bau dieses Klosters beteiligt waren. Wir wollen so schnell wie möglich *Shigatse*, 450 km weiter östlich, erreichen.

Entlang unserer Route sehen wir die ganze Zeit dünne Rauchfahnen senkrecht in den Himmel emporsteigen, ein Zeichen für das Vorhandensein von Dörfern. Es stellt sich uns stets dieselbe Frage: Wie können die Tibeter in einer so steinigen und trockenen Landschaft überleben? Bei jedem Halt laufen Kinder in Lumpen auf uns zu und wiederholen immer wieder ihr »qu shi, qu shi!«, mit gehobenen Daumen wie es die Anhalter tun; um ein Geschenk oder einen Kugelschreiber bittend. Ihre Hände sind zerfurcht und von einer unglaublichen Rauheit. Sie ähneln eher denen eines Sträflings, der sein Leben lang Kieselsteine klopft, als denen kleiner Kinder.

Im Tal von *Tsangpo* durchqueren wir zum zweiten Mal die Städte *Shingatse* und *Gyantse*, um die Zentralregion (*U*) zu erreichen und nach *Lhasa* zu kommen in der Hoffnung, ein neues Fest mitzuerleben.

Die Rückkehr nach *Lhasa*

Im Licht der untergehenden Sonne funkeln die goldenen Dächer von *Tashilhunpo* in *Shigatse*, am Fuße des Steilhanges. Die Anwesenheit des chinesischen Militärs ruft uns in Erinnerung, wie sensibel diese Straße, die nach *Nepal* führt, zu nehmen ist. Am nächsten Morgen begleitet um sechs Uhr ein krächzender Lautsprecher die Menschen zur Arbeit, während sich die Mönche mit den gelben Mützen, die *Gelugpa,* im *Gompa* von *Tashilhunpo*, dem Amtssitz der zweithöchsten religiösen Persönlichkeit *Tibets*, dem *Pantschen Lama*, auf das Gebet vorbereiten. Einige Gläubige umkreisen das Klos-ter mit einer Gebetsmühle oder einem Rosenkranz mit 108 Perlen in der Hand, andere messen den Weg mit ihrer Kör-perlänge aus. Im Inneren des Tempels kann man in zwei verschiedenen Kapellen eine Statue von *Buddha Sakyamuni* mit einem Haar von *Tsongkhapa* sowie die Reliquien von *Buddha* und einen Silberschrein mit den Überresten des ersten *Dalai Lama* verehren. Einige Gebäude weiter beherbergt ein Heiligtum die riesige Statue des *Maitreya*, dem *Buddha* der Zukunft. Aus seiner Höhe von sechsundzwanzig Metern empfängt der »Erwachte«, wie man ihn noch nennt, die Besucher am Eingang eines dunklen Raumes. Einige Schritte davon entfernt beherbergt die

Autonome Region *Tibet.* – *Samye.*
Alle strömen nach *Samye*, zum ältesten Kloster *Tibets*, gegründet im 8. Jahrhundert von *Padmasambhava*, dem indischen Wundertäter, dessen Jahresfest gefeiert wird. Vor dem Haupttempel werden in einem großen weißen Zelt, das mit glückbringenden Motiven geschmückt ist, Musiker untergebracht, die zwei Tage lang die Tänzer mit ihren Trommeln, Zimbeln und Hörnern begleiten. Überall jubelt die fröhliche und bunte Menge vor Ungeduld, wenn der Tanzmeister in großartigem Aufzug mit seinem Zepter die Masken der schrecklichen Gottheiten anführt, die die örtlichen Geister gnädig stimmen sollen.

Autonome Region *Tibet.* – *Samye.*
Maskentanz im Hof von *Ütse*, dem Hauptkloster, während der Feierlichkeiten im *Tsechu*, dem zehnten Tag des Monats.

Autonome Region *Tibet.* –
Samye.
Die *atsara* mit ihren grotesken Masken beginnen ihre Possen, die die Menge mit schallendem Gelächter begleitet. Diese Späße sind improvisierte Satiren auf die offizielle Kirche.

Bibliothek eine beachtliche Zahl an alten kanonischen Büchern in riesigen Regalen und Holzschränker, darunter *Kanjur* (*bKa´-gyur*), Werke, die als Wiedergabe der Worte *Buddhas* gelten, und *Tanjur* (*bsTan-´gyur*), Kommentare, Lehrbücher, Rituale und Lieder. Am niedrigsten Regal, 1,30 m über dem Boden, drängeln sich die Pilger und lernen zu zweit die heiligen Texte auswendig. Am Ende des Tages begeben wir uns ins Grand Hotel für Touristen, das in dieser Jahreszeit nur für uns geöffnet ist. Hier haben wir vor einigen Monaten den Parodien tibetischer Tänze vor chinesischen Offiziellen beigewohnt und die allerersten Besucher nach der Aufhebung des Standrechts getroffen. Wir aßen in einer Ecke einer riesigen, leeren Halle zu Abend und setzten nach dem Essen unsere Reise nach *Gyantse* fort. Hier sehen die Landschaften von einer Jahreszeit zur anderen vollkommen verändert aus.

Wir erblicken bald von weitem den *Dzong* von *Gyantse*, die Festung auf dem Gipfel eines Hügels über der Stadt, den großen Tempel *Palkor Chode* und den großen *Choten Kumbum*, umgeben mit einer Mauer. Zu ihren Füßen grasen die Yaks und *Dzos* (eine Kreuzung zwischen Yak und Hauskuh) friedlich auf den Feldern. Nachdem wir einige Aufnahmen dieser Landschaft mit dem hohen Himmel gemacht haben, überqueren wir die Hauptstraße mit den sorgsam aufgereihten Häusern, um zum Lamakloster und zum *Choten Palkor Chode* zu kommen. Nur wenige Mönche leben noch hier. Einige der dreiundsiebzig Kapellen des sechseckigen *Choten* sind zugänglich. Wir sehen nicht die hunderttausend Buddhadarstellungen, aber wir können zahlreiche Fresken bewundern. Auf der Spitze des Monuments wachen die Augen *Buddhas* über alle vier Himmelsrichtungen.

Einige Kilometer östlich von *Gyantse* führt uns eine Straße zum Dorf *Nangartse*. Von dort steigen wir einen Canyon mit einem vereisten Rinnsal, das sich seinen Weg zwischen den Bergen ohne jede Vegetation frißt, bis zum Pass *Karo-La* auf über 5.000 m Höhe hinauf. Etwas weiter scheint sich links der Straße ein riesiger Gletscher zu nähern. Wir setzen unseren Weg durch kleine Täler mit senkrechten, dunklen Granitwänden fort. Immer seltener treffen wir Menschen. Wir steigen zwischen den Bergen, von denen der größte 6.700 m hoch ist, einen vereisten Bach entlang in Richtung *Yamdrok*-See ab. Sein schönes, türkisfarbenes Wasser ist auf den Eisflächen mit hellen Strahlenkronen getupft. Ein Weg führt rechts am See entlang nach Süden in Richtung *Bhutan*, aber wir schwenken nach Norden ab und verlassen für kurze Zeit seine Ufer. Aus der Vogelperspektive sieht *Yamdrok*, von

Autonome Region *Tibet*. –
Samye.
Während des Monsuns versandet der mehrere Kilometer breite Fluss *Tsangpo*. Es bilden sich riesige Sandbänke unter denen das Wasser grün wird.

(rechts)
Autonome Region *Tibet*.
Ein Dorf in Zentraltibet.

hohen verschneiten Bergen umgeben, wie ein riesiger, nach Westen schauender Skorpion aus. In *Nangartse*, wo alle Häuser geschmückt und alle Menschen festlich fürs Neujahr gekleidet sind, stoßen wir wieder zum See. Gebetsfahnen wehen von jedem Dach des Dorfes. Während die Kinder uns entgegenlaufen, beobachten wir zwei Nomaden, die in eine *chuba*, eine Lammfelljoppe mit nach innen gekehrtem Fell gekleidet, die vereiste Seefläche überqueren, um schneller an das andere Ufer zu kommen. Unser nächster Halt ist der Pass *Kampa-la*. Kaum haben wir seinen Gipfel mit der herrlichen Rundumsicht erreicht, schon stürzen sich unser Führer und der Fahrer zum großen Steinhügel, um dort einen weißen Stein niederzulegen und den Göttern gegenüber zum Ausdruck zu bringen: »ki-ki so-so Lha-rgyal-lo« (»Die Götter sind Sieger und die Dämonen sind Besiegte«). Auf den Gipfeln aller Pässe entlang unserer Route, von *Ladakh* bis *Tibet*, auf dem gesamten buddhistischen Gebiet, treffen wir auf dieselben hohen Steinhügel, auf dieselben Stöcke und auf dieselben gespannten Leinen, auf denen Lappen und Papierstreifen mit heiligen Sprüchen und Gebeten (*mantra*), oder das »Pferd im Wind« symbolisierend, im Wind flattern. Einige Kilometer von diesem 5.000 m hohen Paß abwärts, der die Provinz *Tsang* von der Region *U* trennt, überqueren wir *Tsangpo*. In der Ferne erscheint die große Silhouette vom *Potala*, der Winterresidenz des *Dalai Lama*, im orangefarbenem Licht der untergehenden Sonne. Wir erreichen wieder *Lhasa*, ohne noch irgend etwas über den Ablauf der lamaistischen Feste und über das große Gebet zum Neujahr (*sMon-lam Chen-mo*), das *Tsogkhapa* im Jahr 1407 eingeführt hatte, was seit Jahrhunderten mit dem chinesischen Jahresablauf übereinstimmt, erfahren zu haben.

Autonome Region *Tibet.* –
Lhasa.
Lesung heiliger Texte im Hof von *Jo-khang* während des Großen Gebets, das dem Neujahrsfest *(sMon-lam Chen-mo)* folgt.

(rechts)
Autonome Region *Tibet.* –
Lhasa.
Fest der tausend Lichter in *Jo-khang.*

Das »Neujahr des Königs«

In der Regel feiert man das Neue Jahr (*Lo-gsar*) im Februar, was dem Neumond im ersten Monat des tibetischen Kalenders entspricht. Dieser erster Monat im Jahr ist sehr reich an religiösen Veranstaltungen, denn es ist eine Zeit, welche die Kraft besitzt, die Verdienste zu vervielfachen. Wie in vielen anderen asiatischen Kulturen deren besitzt hier das Neujahrsfest eine ganz besondere Stellung, denn es symbolisiert den Übergang zwischen der Vergangenheit und der Zukunft. Es ist die Zeit der wichtigsten Feste, noch wichtiger als die im Sommer, deren Höhepunkte, wie wir uns erinnern, das Ausrollen des *Thangka* in *Drepung* oder die Tänze von *Norbulingka* sind. In der Vergangenheit versammelten sich bei der Feier von *Monlam* in der »Kathedrale von *Lhasa*«, *Jo-khang*, die Mönche aus allen Klöstern. Bis zum Februar 1959 stieg der *Dalai Lama* vom *Potala* herab, um die Statue von *Buddha* zu ehren und von der Tribüne ein *Sutra* zu predigen. Durch Zufall entdecken wir, nachdem wir mit der Fähre den *Tsangpo*, der hier mehrere Kilometer breit ist, überquert haben, vor dem Kloster *Samye* eine Feier, die am zehnten Tag des Monats abgehalten wird und dem Fest *Tsechu* zu Ehren von *Padmasambhava* entspricht. Die maskierten Tänzer führen pantomimische Rituale aus, welche die Götter veranlassen sollen, zu den Menschen herabzusteigen. Sie werden nur von Mönchen ausgeführt und stellen den Kampf zwischen der Religion und den Kräften des Bösen sowie die großen Ereignisse der Vergangenheit dar. Ihre Choreographie ist bemerkenswert. Bei den komischen Zwischenspielen setzen die Mönche mit ihren grotesken, clownartigen Masken Persiflagen auf die Kirche in Szene. Einige Tage später, am 15. des ersten Mondes, bauen die Mönche im Inneren von *Jo-khang*

Autonome Region *Tibet*. –
Ganden.
Während des Großen Gebets
Mönlam.

(links)
Autonome Region *Tibet*. –
Sera
In ihrer Zelle unterbrechen zwei Mönche die Arbeit, um ein Foto ihres obersten Priesters, der sich zur Zeit im Exil befindet, *Tenzin Gyamtsho*, dem 14. *Dalai Lama*, zu betrachten. Der Besitz seiner Fotos ist in der Autonomen Region *Tibet* verboten.

für das Fest der »Tausend Lichter« kleine Holzgerüste auf, auf denen mehrere hundert Lampen brennen. In der Vergangenheit machte eine ganze Armee von Infanteristen und Reitern in ihren Rüstungen drei Umkreisungen um *Jokhang*, um nach tibetischer Sitte die Dämonen zu verjagen. Eine solche Manifestation ist im heutigen Kontext natürlich undenkbar.

Wir nehmen ruhig Platz in einem kleinen Hof des Klosters von *Sera* und verfolgen die kontroversen Übungen oder »Disputationen«, die sich die Mönche des Klosters liefern, und deren Wortgefechte im wesentlichen aus Übungen in Logik und Syllogismen (logischen Schlußfolgerungen) bestehen. Vier Mönchgruppen führen die Übungen aus: In jeder Gruppe muß ein Mönch, nachdem er das Thema bekannt gab, sitzend den Angriffen seines Gegners begegnen, der vor ihm stehend dessen These widerlegt und dabei die kanonischen Texte zur Hilfe nimmt, wobei er seine Worte mit Gesten begleitet, die den Gegner destabilisieren sollen: er klatscht in die Hände oder zieht seinen Rosenkranz seinen Arm entlang oder, nachdem er ein bestimmtes Wort besonders betonte erhebt er seinen rechten Arm in die Höhe seines Nackens und läßt ihn mit lautem Klatschen auf die offene Fläche seiner linken Hand, die in Richtung seines Gegners zeigt, fallen. Die Einführung eines Mönchs ähnelt der eines Studenten, der durch Prüfungen in ein höheres Semester wechselt. Hier um *Lhasa* beinhaltet eine solche Prüfung insbesondere die Textkenntnisse und den Umgang mit der Logik. In anderen Schulen des tibetischen Buddhismus, bei den *Nyingmapa* oder *Kagyupa* zum Beispiel, geht es mehr um die übersinnlichen Fähigkeiten aus Meditation und Yoga.

Im großen Saal des Klosters von *Ganden*, etwa 40 km von *Lhasa* entfernt, nehmen wir am Großen Gebet teil. Der *Lama* betet von einem erhöhtem Platz über den in Reihen stehenden Mönchen mit einer tiefen und sonoren Stimme vor und der Chor der Mönche wiederholt es. Als Grundton der Musik dröhnen die riesigen Hörner, die *Dung-chen*, und verbinden die Klänge der anderen Instrumente, wie Oboen, Zimbeln und Glocken, die das Gebet begleiten, miteinander. Am Ende des Saals begebe ich mich in eine Kapelle, zu der der Zutritt für Frauen untersagt ist. Diskret schiebe ich in die Hände eines neben mir sitzenden Mönchs ein großes Foto des 14. *Dalai Lama*. Sein Blick erhellt sich, dann läßt er das Bild seines Lebenden Gottes unter seiner granatfarbenen Kutte verschwinden. Er legt seine Stirn zum Zeichen des Dankes an meine Schulter, danach zieht er über den drei Regalen des Altars, in denen Lampen und rituelle Gegenstände aufbewahrt werden, die gleiche Fotografie in einem Rahmen heraus: Ich habe sie ihm vor acht Monaten geschenkt.

»*Ganden*« klingt wie ein Symbol, es ist der Name des Paradieses, in dem *Maitreya*, der *Buddha*, residiert, der eines Tages kommen wird um die Menschheit zu retten, wenn sie ihre Grenzen der Verzweiflung und Hoffnungslosigkeit erreicht hat.

In einem Land, in dem das Wort »Frieden« gleichbedeutend mit »Friedhofsruhe« ist, in dem sich der Besatzer anschickt, aus *Tibet* ein Land ohne Tibeter zu machen, haben wir während unserer Durchquerung die wahre Bedeutung der Worte »Demut« und »Großzügigkeit« begriffen. Mit ihnen bleibt in uns für immer das Bild des Leidens mit einem Lächeln auf den Lippen verbunden.

Autonome Region *Tibet*. –
Ganden
Betender Mönch mit Zimbeln
ting shags.

Autonome Region *Tibet*. –
Shigatse.
Shile Lamda, der Würdenträger
von *Gelugpa*, im Kloster
Tashilhunpo.

Autonome Region *Tibet*. –
Drepung.
Pilger opfern den Geistern Rauch vom Wacholderstrauch, was einem Gebet entspricht.

Autonome Region *Tibet.* –
Drepung.
Vorbereitung auf den Tanz des Yaks. Der Mann in der Mitte des Bildes spielt die Rolle des Hirten. Er ist Theaterschauspieler und trägt die Maske des Jägers, *rngon-pa.*

Autonome Region *Tibet.* – *Lhasa.*
Die Zuschauer verfolgen aufmerksam die Tänze des Yaks in *Norbulingka*, dem früheren Juwelenpark in der Sommerresidenz des *Dalai Lama*, den die Chinesen in »Garten des Volkes« umgetauft haben.

(links)
Autonome Region *Tibet.* – *Drepung.*
Vorbereitung zu den Tänzen der »Schwesterngöttinnen« vom Theater *lha-mo.*

Autonome Region *Tibet*. –
Drepung.
Der gigantische, ganz neue *Thangka* von 3.600 Quadratmetern Größe wird entrollt, solange es noch dunkel ist. Die Mönche zelebrieren die Opferrituale beim Licht von Butterlampen. Dieser *Thangka* darf nicht von Sonnenstrahlen berührt werden, doch zum Glück ist das Wetter sehr regnerisch. Die Mönche warten auf eine Regenpause, um ihn zu entrollen. Der letzte *Thangka* wurde zum letzten Mal vor dreißig Jahren entrollt.

(unten)
Autonome Region *Tibet*. –
Drepung.
Darstellung eines tibetischen Mysteriums im Hof des Klosters.

Autonome Region *Tibet*. –
Lhasa.
»Gelb« entspricht der Form, »Weiß« dem Empfinden und Gewissen, »Rot« der Wahrnehmung und »Grün« der geistigen Formation.

(links)
Autonome Region *Tibet*. –
Drepung.
Über 50.000 Gläubige sind gekommen, um mit Rosenkranz oder Gebetsmühle in der Hand den großen *Thangka* zu bewundern. Die Mönche zelebrieren Opferrituale.

Autonome Region *Tibet.* –
Ganden.
Vorbereitungen auf das Ritual.
Mönche stellen den Zahn von
Tsongkhapa mit Hilfe eines
Abdrucks her. Er wird auf die
Opferkuchen, die *Torma*, gesetzt.

(Die nächsten Seiten)
Autonome Region *Tibet*. –
Drepung.
Chinesen lassen sich vor tibetischen Symbolen, wie Jäger mit dem Fuß auf der Beute, fotografieren.

Autonome Region *Tibet*. –
Drepung.
Im Kloster des Großen Fünften hinterließ die Kulturrevolution *Mao's* ihre Spuren.

Autonome Region *Tibet.* –
Drepung.
Zwischen den Zuschauern wachen chinesische Uniformierte. Die massive chinesische Präsenz macht die Tibeter in ihrem eigenen Land zur Minderheit.

Union von Myanmar – Staat *Chan*. Kloster *Shwe-Yan-Pyay* in der Nähe des Sees *Inlé*.

Myanmar (Birma)
Laos
Kambodscha

Geister der Erde

Union von *Myanmar*. – Staat *Mon*. *Kyaik-Hti-Yo* ist der berühmteste buddhistische Pilgerort von *Myanmar*. Er befindet sich in einer Höhe von 1.200 m über NN in den Bergen von *Mon-karen*. Auf diesem goldenen Felsen, der über dem Rand eines Abgrunds liegt, beherbergt ein *Stupa* ein Haar von *Buddha*. Nach der Legende verhindert dieses Haar den Absturz des Felsens in die Tiefe.

(Seite 71)
Union von *Myanmar*. – *Sagaing*, die frühere Hauptstadt, ist das wichtigste Zentrum des buddhistischen Glaubens in *Myanmar* geblieben.

(Seite 72 und 73.)
Union von *Myanmar*. – Die Ebene von *Bagan*. Tausende von Tempeln, Pagoden und *Stupas* sind zwischen der Mitte des 11. Jahrhunderts und der Invasion der Streitkräfte von *Kubilay Khan* im Jahr 1287 errichtet worden. Sieben Jahrhunderte später stehen immer noch über 2.000 von ihnen.

Das wunderbare und einzigartige Land *Myanmar*, auch *Birma* genannt, weckt unsere Neugier. Die Verbindung zwischen *Tibet*, *Myanmar* und *Kambodscha* erlaubt es uns, besser die Verschiedenartigkeit dieser asiatischen Völker, deren Geschichte, Kunst und Religion eigene Entwicklungswege genommen haben, zu erfassen. Unsere Route folgt dem gleichen Weg, den die Völker tibeto-birmanischen Ursprungs, die nomadischen Eroberer, einige Jahrhunderte zuvor genommen haben, und die in der fruchtbaren Landschaft des mittleren Tales von *Ayeyarwadi* ihre ideale Heimat fanden. Sie ließen sich in der Verbindung der Flüsse *Chindwin* und *Ayeyarwadi* nieder, in gleicher Entfernung zum tibetischen Grenzland und zum Golf von *Martaban*, einer Verlängerung des Golfes von *Bengalen*. Der Buddhismus wurde zum Hochofen, in dem dieses kriegerische Volk vor den Ausläufern des *Himalaya* seine hohe Zivilisation schmiedete. Die Feste und Feierlichkeiten, die dort aufeinander folgen, machen aus *Bagan* ein künstlerisches und technisches Zentrum, das gleichfalls aufgrund der königlichen Eroberungszüge reich an landwirtschaftlicher Entwicklung ist.

Ein Land mit unendlichen Reichtümern

Myanmar ist ohne Zweifel das asiatische Land, das die meisten Schätze besitzt: das wunderbare Lächeln eines vielseitigen und immer gastfreundlichen Volkes, außerordentliche archäologische Fundstätten, das Spektakel der Fischer *intha*, die einbeinig fischen, oder die »Giraffen-Frauen« vom Stamm *Padaung*, sowie tausende von goldenen Pagoden, Millionen von *Buddhas* und *Nats*. Auch ein Haar von *Buddha*, das einen riesigen Felsen am Rand eines Abgrunds im Gleichgewicht hält, eine gigantische über einhundert Meter hohe Pagode

oder ein Rubin von über 496 Karat gehören zu den Schätzen des Landes.

Der Wille seiner Machthaber und die Vielseitigkeit seiner Bewohner haben aus *Myanmar* lange Zeit ein geheimnisvolles Land gemacht.

Es scheint mit seinem Gold und seinem Licht aus einem anderen Zeitalter zu stammen, einer Zeit in der Ochsenkarren zahlreicher als Autos sind und wo die Religiosität extrem stark geprägt ist. Das größte Land der südasiatischen Halbinsel ist so groß wir Frankreich und England zusammen und vereint sieben Staaten (*Arakan*, *Chin*, *Kachin*, *Chan*, *Kayah*, *Karen* und *Mon*) sowie die sieben Departements *Yangon*, *Ayeyarwadi*, *Bago*, *Tenasserim*, *Mandalay*, *Magwe* und *Sagaing in sich.*

Die Regierung von *Yangon* erklärte das Jahr 1996 zum »Jahr von *Myanmar*«. Vor den, durch das Tourismusministerium eingeleiteten Maßnahmen erteilte das Land jährlich 20.000 Visas für sieben Tage, 1994 waren es bereits 60.000. Die Aufenthaltsgenehmigung wurde zunächst auf fünfzehn, später auf achtundzwanzig Tage verlängert. Das ehrgeizige Ziel heute 500.000 Besucher zu empfangen, löste erhebliche Anstrengungen aus: die Errichtung einer neuen Infrastruktur in Straßenbau und Flussschifffahrt, den Bau neuer Brücken, Entwicklung der Hotel- und Restaurantkapazitäten, Verstärkung der Transportmittel und Verbesserung der Zugangswege zu königlichen Stätten. Die touristischen Sehenswürdigkeiten des Landes sind zahlreich: der Besuch bei verschiedenen ethnischen Gruppen im Norden, die in den zerklüfteten Bergen des Staates *Chan* oder an den Ufern des Sees von *Inlé* leben, der Fischfang an den Stränden im Süden und Westen, die Besichtigung der vielen typischen und eigenartigen Stätten, in denen der Aberglaube und Götzendienst seiner Einwohner eine ergreifende Realität sind.

Unsere Entdeckung von *Myanmar* beginnt mit Herzklopfen. Zunächst bei den Bergstämmen und den Volksgruppen am See von *Inlé*, wo uns das menschliche Mosaik fasziniert. All diese Stämme, an ihrer Kleidung und an ihrem Schmuck leicht zu erkennen, besitzen ihre eigene Sprache, eine eigene Religion und eigenes Handwerk. Ihre Eigenarten kommen auch in vielfältigen Korbflechtarbeiten, Werkzeugen und Musikinstrumenten zum Ausdruck. Die bekanntesten sind die »Giraffen-Frauen« vom Stamm *Padaung* im Staat *Kayah*, die »Kopfabschneider« *naga* im Staat *Kachin* und die *Intha* am See *Inlé* im Staat *Chan*.

Ein See der Legende

Hier, um den See *Inlé*, wohnen in den Dörfern *Pwela*, *Kalaw*, *Pindaya*, *Heho* und *Shwenyaung*, die alle auf Pfeilern gebaut sind, Volksgruppen, die zu den faszinierendsten der Welt gehören. Ein Wandermarkt geht herum und bildet den Treffpunkt für alle benachbarten Gemeinschaften (*Pa-O*, *Palaung*, *Kachin*, *Intha*, *Danu*, *Wa*, *Lahu*, *Kaw*, *Maingtha*, *Padaung*, *Taungyo*, *Yin*, *Gon*, *Kayah*, *Lishau*, *Kokang*, *Miaozel*). Die unterschiedlichsten Handwerker begleiten ihn, die Volksgruppen machen aus ihm eine Augenweide von Farben und Schmuck, der Tauschhandel erfolgt dank einer Jahrhunderte alten Sprachtradition. An die dreißig Dialekte treffen hier aufeinander und zeigen so die ganze Breite der sprachlichen Einflüsse von *Mon-Khmers*, Chinesen, *Thais* und *Tibeto-Birmanen*. Dieses ethnische Mosaik zeigt in verkleinerter Form die außerordentliche Vielseitigkeit des birmanischen Volkes und seiner siebzig offiziellen Volksgruppen.

Im zauberhaften Rahmen des Sees von *Inlé* musste sich der kleine Volksstamm der *Intha* dem Habitat am Wasser anpassen: Die Häuser stehen auf Pfählen, die Suppentöpfe schwimmen auf der Wasseroberfläche und die Fischer, deren Fangtechnik einzigartig auf der Welt ist, rudern ihre langen Pirogen mit einem Fuß und beobachten gleichzeitig die Wasseroberfläche - bei der kleinsten Bewegung, der kleinsten Luftblase werfen sie ihre riesigen, kegelförmigen Reusen ins Wasser.

Seit dem 18. Jahrhundert ist die Geschichte des Sees von *Inlé* eng mit der des Stammes *Intha* verbunden. Die »Söhne des Sees«, wie man sie nennt, verließen *Tenasserim* im Süden *Myanmars*, um vor den ständigen Kämpfen zwischen Thais und Birmanen zu flüchten. Der See befindet sich im Herzen

(Seite 74)
Union von *Myanmar.* – Ebene von *Bagan.*
Vor dem Tempel von *Ananda* beeilen sich Bauern, schnell diese Phantomorte zu passieren, um ihre Dörfer noch vor dem Einbruch der Nacht zu erreichen. Sie wurden von der Regierung aus der Umgebung der Tempel und Pagoden vertrieben.

Union von *Myanmar.* – Ebene von *Bagan.*
Junge Mönche vor den Eckpfeilern des Tempels von *Kubyauk-gyi* in der Ebene von *Bagan.* Der Stuck datiert in das Jahr 1113 zurück.

des Staates *Chan*, im Osten des *Ayeyarwady-Tales*, und ist 158 Quadratkilometer groß. Er ist von kleinen Waldgebieten umgeben, in denen sich bescheidene Dörfer entwickelten. Im Nordosten verstellt die Stadt *Taunggyi*, Hauptstadt des Staates *Chan*, den unüberwindlichen Zugang zum »Goldenen Dreieck« des Opiums. Die Berge von *Chan* sind selten höher als 1.800 m über NN. Die Söhne des Sees leben heute ausschließlich vom See. Die geringe Wassertiefe von ca. drei Meter hat sie zu dieser erstaunlichen Fangmethode inspiriert, die die Wirksamkeit mit einer einzigartigen Ästhetik der Gesten verbindet. Die Ufer des Sees bestehen aus einem Wirrwarr von Schlamm und Wasserhyazinthen, das eine ein Meter dicke Humusschicht bildet die von den *Intha* in schwimmende Gärten, *kyunpaw* genannt, verwandelt wird.
Inmitten des Sees steht im Dorf *Ywana* die Pagode *Phaung-Daw-Oo*, das Heiligtum der fünf *Buddha*-Bilder, die die Mönche auf das 12. Jahrhundert zurückdatieren. Sie wurden vom König des Himmels, dem König von *Bagan*, persönlich in der Zeit der Regierung von *Alaung Sithu* (1113 - 1167), erstellt. Inzwischen wurden diese Bilder mit so viel Blattgold belegt, daß sie großen, aufgeblasenen Gummitieren aus massivem Gold ähneln. Nicht weit von dort zeigen uns die gastfreundlichen Mönche von *Nga-Phe-Chaung* die Heldentaten ihrer »jumping cats«, denen sie beibringen, durch einen Reifen zu springen.
Am Seeufer erhebt sich das Kloster von *Shwe-Yan-Pyay.* Im Jahr 1875 hat es ein sehr vermögender und einflussreicher Mann namens *Sar-San-Owe*, Chef des Staates *Chan* und Feind der Zentralregierung, als Zeichen seiner Friedfertigkeit bauen lassen. Heute nehmen dort vierundzwanzig junge Mönche buddhistischen Unterricht. Dieses Kloster mit runden Fenstern und auf hundert Pfählen erbaut, ist einzigartig im Staat *Chan.*

Union von *Myanmar*. –
Ebene von *Bagan*.
Die Palmen *Borassus flabellifer* sind in der Zone *Bagan* besonders verbreitet. Sie liefern einen Saft, aus dem die Bauern Zucker herstellen, der in ganz *Myanmar* verkauft wird.

Union von *Myanmar*.
Küche eines Restaurants in *Yangon*.

Weil sie von der Nutzung des Sees *Inlé* abhängig sind, ist die Zukunft der *Intha* ungewiß. Zu den Gewässern des Kanals *Balu Chaung*, die sich im Süden in den See stürzen, kommen noch die von zahlreichen Bergbächen hinzu und ersticken mit ihren Anschwemmungen die Wasserfläche des Sees. Die andauernde Ausbreitung der Wasserhyazinthen, die die Anwohner nicht in den Griff bekommen können, droht in absehbarer Zeit den See zu verlanden. Nur eine intensive wissenschaftliche Studie könnte Lösungen erarbeiten.

Die Stämme *Palaung*

Wegen der Verbote seitens der Regierung, der Verschiedenartigkeit der Stämme und wegen unserer Kontakte vor Ort beschlossen wir, uns einige Zeit in der Nähe der Stämme *Palaung* aufzuhalten.

Die am besten zugänglichen Dörfer befinden sich etwa fünfzehn Kilometer zu Fuss von *Kalaw*, in den Bergen von *Chan*, westlich des Sees von *Inlé*. Diese Bergstämme leben in kleinen Dörfern mit etwa sechzig Familien vom Anbau von Tee, Tabak, Reis, Mais, Bohnen und Blumenkohl. Sie weben Säcke und die *longyi*, lange Röcke, die sowohl von Frauen als auch von Männern getragen werden und sie stellen Besen her, die sie auf fliegenden Märkten verkaufen. Sie wohnen in großen einräumigen Häusern, in denen ein ständig brennendes Feuer den Platz jeder Familie markiert. Die Augen leiden schwer unter dem Rauch, so dass all unser Vorrat an Augentropfen in den Besitz besonders von Kindern und alten Menschen übergeht. Hier ist die Lebenserwartung niedriger als bei den benachbarten Stämmen in der Ebene. Die Entfernungen zu den medizinischen Zentren, der Mangel an öffentlicher Gesundheitsversorgung und mangelhafte Kinderimpfprogramme

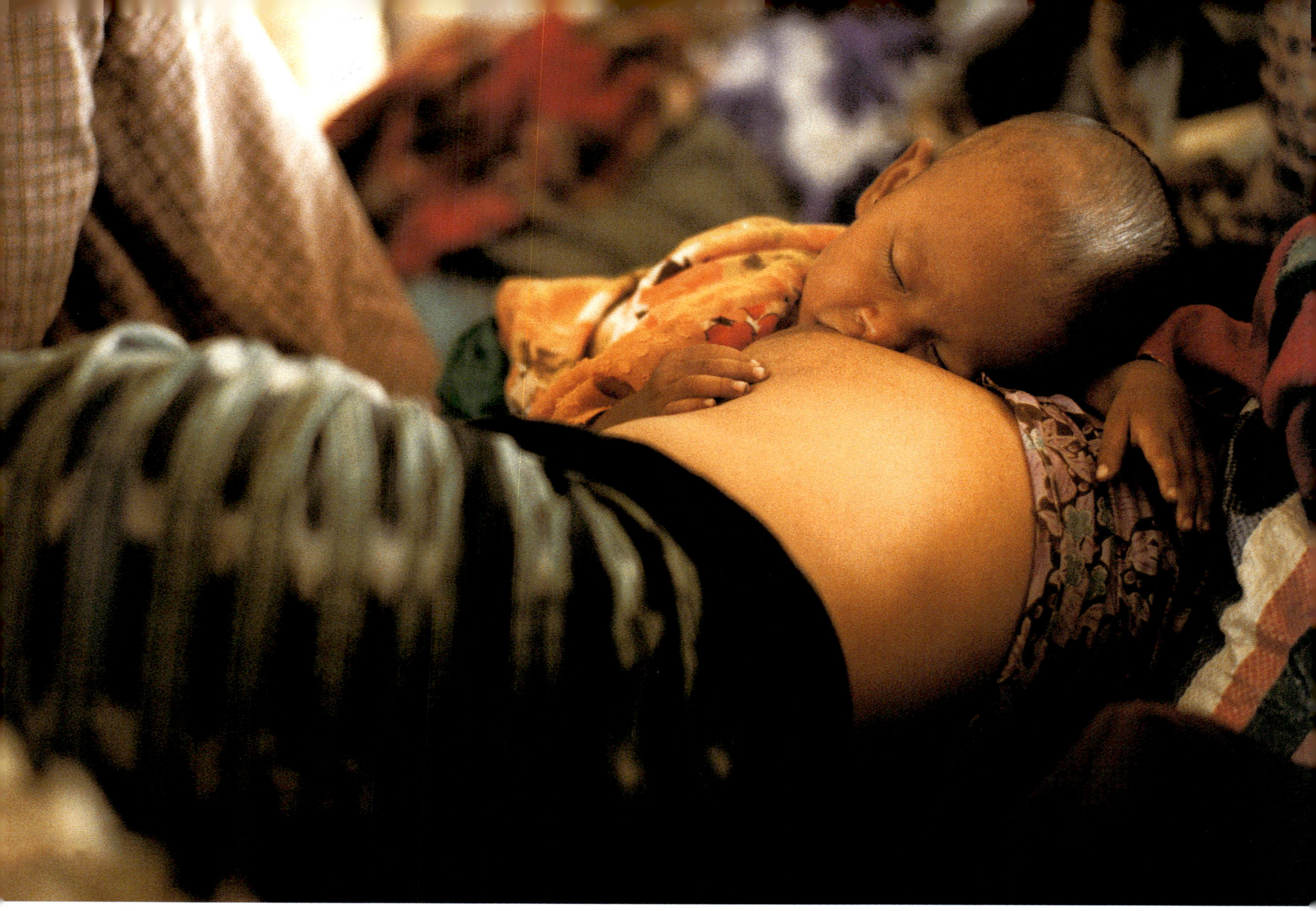

sind die Hauptursachen dafür. Hinzu kommen schlechte hygienische Zustände, mangelnde Kenntnis des menschlichen Körpers und seiner Bedürfnisse, häufig verschmutztes Trinkwasser, gefährliche Arbeiten, unzureichende Ernährung und der ständige Opiumkonsum.

Jede Volksgruppe hat ihre eigenen Rituale, die die Schamanen ausüben, um die Ursachen einer Krankheit herauszufinden und die entsprechende Therapie durchzuführen. Es kommt auch vor, dass man den »Medizinmann« des Stammes oder einer anderen Volksgruppe herbeiruft, der eine überlieferte Medizin aus Kräutern oder tierischen Mitteln empfiehlt. Das Opium ist das am häufigsten angewandte pflanzliche Medikament und viele Kranke werden als Folge dieser Behandlung gegen Diarrhöe, Husten oder Schmerzen süchtig. Nach westlicher Medizin greifen sie als letztes Mittel, wenn die rituelle, traditionelle Behandlung versagt.

Die kompletten Familien des Stammes *Palaung* leben in diesen großen Häusern, von den Großeltern bis zu den Enkelkindern. Sie geben dem ganzen Leben den Rahmen, und wenn ein alter Mann stirbt, übernimmt sein Sohn das Ruder und seinen Platz im großen Saal. Diese buddhistischen Familien schicken einige ihrer Kinder zur Schule, um Rechnen, die birmanische Sprache und manchmal auch noch Englisch zu lernen, die anderen müssen bei der täglichen Arbeit helfen. Wenn eine Familie groß genug ist, wird ein weiteres Kind im nächsten Kloster untergebracht, um den Buddhismus und die Sprache *Palaung* zu studieren.

Die birmanesische Regierung erlaubt es den Fremden nicht, in diesen Dörfern zu übernachten. Die Nacht ist in der Tat die Zeit, die die Rebellen nutzen, um sich mit Proviant zu versorgen, Neuigkeiten einzuholen und ihre Familien zu besuchen. Aber die Nacht ist auch die Zeit, in der die Atmosphäre am

(Seite 78)
Union von *Myanmar*. – Departement von *Mandalay*. Auf dem Schiff von *Bagan* nach Mandalay scheint das Kind, das an der Brust seiner Mutter eingeschlafen ist, die Unbequemlichkeit des für Handelswaren bestimmten Laderaumes nicht zu stören.

Union von *Myanmar*.
Der Blick verliert sich in den Gewässern des Flusses, der nach dem Monsun 25 km breit werden kann.

(Seite 80 und 81)
Union von *Myanmar*.
Landschaft im Staat *Chan*, in der Nähe von *Pindaya*.

lockersten und wärmsten ist: Die Familien teilen ihr Essen mit uns und wir können bei Kerzenlicht Szenen von großer Schönheit bestaunen, die an ein »nächtliches« Gemälde von Georges de la Tour oder der Gebrüder Le Nain erinnern. Es kam vor, dass bewaffnete Rebellen in das Kloster einbrachen, in dem wir gerade schliefen, nur um zu beten. Am meisten beunruhigt war dann unser Führer, der uns ohne Unterbrechung zuflüstert: »Don´t worry, no problem, no problem...«
Der frühe Morgen wirkt geradezu magisch auf uns. Nachdem uns die Schritte der Mönche, die sich auf das Gebet vorbereiten, geweckt haben, erleben wir ein einmaliges Spektakel: In Hockstellung setzen sie Kerzen unter ihre Purpurkutten, um sich aufzuwärmen, und sehen dann wie beleuchtete Lampenschirme aus. Dann beginnen alle gemeinsam in einem sagenhaften Missklang ihre Gebete zu singen.
In Tibet haben wir der buddhistischen Religion und ihrer Ausübung den Großteil unserer Zeit gewidmet. Überrascht von der Fülle der weißen Pagoden, die die Landschaften von *Myanmar* zieren, wenden wir wieder unsere Blicke der einheimischen buddhistischen Kultur und ihren Traditionen zu.

Das Land der goldenen Pagoden

Unsere Reise führt uns weiter nach Süden, etwa zweihundert Kilometer östlich von *Yangon*. Nach der Überquerung der großen Ebenen mit Reisfeldern und dem Besuch des Ortes *Bago*, der ideal ist, um einen Blick in die Lebensweise der Birmanesen zu werfen, entdecken wir auf der Bergkette vom östlichen *Yoma*, eng gedrückt an den Gipfel des Hügels von *Paung-laung*, die wunderbare Pagode von *Kyaik-Hti-Yo*. Ein ebenso beeindruckender Anblick wie die einhundert Meter

Union von *Myanmar.* –
Departement von *Bago.*

Die Landwirtschaft ist der beherrschende Zweig der Wirtschaft. Sie beträgt ca. 40 % des Bruttosozialproduktes.

hohe Pagode *Shwe-Dagon* in *Yangon*, deren Gold durch den Nebel und den städtischen Dunst funkelt.
In *Kyaik-Hti-Yo* bietet such uns ein faszinierender Anblick: Ein goldener Felsen von 24 Meter Umfang, der einem menschlichen Kopf ähnlich ist, liegt im Gleichgewicht am Rande eines Abgrunds. Der ursprüngliche Name von *Kyaik-Hti-Yo* war *Kyaik-ithi-Yo*, was in der Mon-Sprache heißt: »Pagode auf dem Kopf des Eremiten«. Ein *Stupa* mit einem Haar von *Buddha* steht auf dem Scheitel des Felsens. Je mehr sich der Felsen dem Abgrund nähert, um so mehr wirkt das Haar des »Erwachten« entgegen und hält das Gestein im Gleichgewicht. Im Morgengrauen und in der Abenddämmerung kommen die Pilger, um Andacht zu halten. Einige von ihnen sind aus der nächsten Stadt, *Kyaik-hto*, über fünf Stunden zu Fuß gelaufen. Ein besonders zerklüfteter Bergpfad mit zahlreichen Kapellen für die schützenden Geister führt zum Heiligtum. Die westlichen Besucher in Begleitung bewaffneter Militärs, denen wir in der Nacht während unseres Aufstiegs begegnen, erinnern uns daran, dass der Zugang zu dieser erstaunlichen Kultstätte eine Genehmigung erfordert. In der Tat bereitet hier die Nähe des Territoriums von *Karen* der Militärregie-rung viele Probleme. Am übernächsten Tag begegnen wir bei der Rückkehr vor kleinen Verkaufsbuden, die von pflanzlichen Heilmitteln, Häuten junger Bären über Delphinflossen bis zu Bambusprodukten und Erfrischungsgetränken alles anbieten, einem jungen Eremiten, der auf dem Hügel *Shan-eait-taung* gegenüber lebt. *Hill Naing-tin-Htwe* heißt er und ist nicht besonders glücklich über die Anstrengungen der Re-gierung, den Zugang zu den Monumenten zu erleichtern: Die Straßen werden breiter, Baumaschinen greifen die Berge an, die schon immer als unzugänglich galten. Wir folgen ihm auf

seinen Hügel, wohin er uns zu einer Tasse Tee eingeladen hat. Unser Führer lobt die übernatürlichen Fähigkeiten des Eremiten: Einige Stunden später stellen wir fest, dass unsere Uhren um 12.50 Uhr stehen geblieben sind, der Zeit, in der wir uns in einer angestrengten Diskussion mit ihm befanden! Mit Ausnahme einiger *trekkings*, die wir unternehmen, um abgelegene Bergdörfer zu erreichen, bewegen wir uns im Prinzip mit dem Wagen, und das hauptsächlich wegen der Visa. Es ist in der Tat besser, wieder den Weg über *Bangkok* zu machen, um dort die Visa zu erneuern, als sich eines Vergehens schuldig zu machen.

Im August 1993 waren wir in *Heho*: Ein Verantwortlicher von *Myanmar* Travel and Tours mußte ein Flugzeug umkehren lassen, um uns abzuholen. Wir haben nie zuvor ein Flugzeug in so einem Zustand gesehen: Der Gang zwischen den Sitzreihen war in der ganzen Länge ein Meter hoch mit Gepäckstücken zugestopft und hätte jede Evakuierung unmöglich gemacht, die Sicherheitsgurte fehlten, die Toiletten und der hintere Teil der Maschine waren voll von Waren. Nach dem Start führte uns der Steigflug direkt zu einer Felswand. Vielleicht haben wir es den inbrünstigen Gebeten der Passagiere zu verdanken, die Felsen knapp überflogen zu haben.

Einige Tage später befinden wir uns im Departement von *Mandalay*, auf dem Gipfel des Hügels von *Sagaing*. Bei Sonnenuntergang ist das Panorama atemberaubend. Hunderte von Pagoden mit goldenen Dächern funkeln in der Ebene. *Sagaing*, zusammen mit *Ava* und *Amapura* eine der drei Hauptstädte, ist das intensivste Zentrum des buddhistischen Glaubens von ganz *Myanmar*. Der Klang der Zimbeln und Glocken hört in der ganzen Stadt nicht auf. Während wir gerade dabei sind, dieses Spektakel zu bewundern, schlägt

Union von *Myanmar*.
Sonnenuntergang auf dem Berg *Popa*, dem Königreich der *Nats*, der schützenden Geister. *Popa* bedeutet »Blume« in Sanskrit.

(Seite 85)
Union von *Myanmar*. –
Staat *Chan*.
Im Dorf der *Palaung* in der Nähe von *Kalaw*.

Kyaw Kyaw vor, uns zum *Monywa* zu führen, einem so seltsamen Ort, dass er in keinem Touristenführer erwähnt wird und den Fremden unbekannt bleibt. Die Ebene von *Sarlingyi* besitzt vier erstaunliche Heiligtümer: *Budi-ta-htaung*, ein Kloster, das am Fuße eines gigantischen *Buddha* erbaut wurde, *Than-Boat-Day*, reich an seinen 500.000 steinernen, zweihundert Jahre alten Buddhas, *Shwe-Bataung-Hill*, ein sehr farbiges, in Felsen gehauenes Kloster, und *Po-Wantaung-Hill*, ebenfalls in den Felsen gehauen, das über 400.000 steinerne Buddhas aus dem 11. Jahrhundert beherbergt. Diese Kultstätten zeugen eindrucksvoll von der Verankerung der buddhistischen Religion in der Bevölkerung. In der Umgebung von *Monywa* verbrachten wir den ganzen Tag unter dem ruhigen und aufmerksamen Blick von über 900.000 Buddhas aus Stein!
Wir steigen jetzt zum *Ayeyarwady* ab, einem breiten und trägen, über 2.000 km langen Fluß, an dessen Ufern im Laufe der Jahrhunderte viele Zivilisationen entstanden. Der leichte Zu-gang vom Meer her erlaubte es allen Stadtstaaten, sich zu entwickeln: *Sri Ksetra*, *Bagan*, *Sagaing*, *Ava*, *Amapura* und *Mandalay*. Nach einigen Stunden auf dem Schiff, das sehr früh in *Mandalay* ablegt, erreichen wir den Rand der Ebene von *Bagan*. In der Vergangenheit wurden hier tausende von Tempeln, Pagoden, *Stupas* und anderen religiösen Vorrichtungen zwischen der Mitte des 11. Jahrhunderts und der Invasion der Streitkräfte *Kubilay Khans* im Jahr 1277 gebaut. Sieben Jahrhunderte sind seitdem vergangen und zweitausend von ihnen stehen immer noch. Vor Einbruch der Nacht kann man die Bauern beobachten, wie sie an diesen Phantom-Orten hastig vorbeieilen, um ihre Dörfer zu erreichen. Unter dem Vorwand archäologischer Grabungen und der Restaurierung von Pagoden und Tempeln enteignete die

(Seite 86)

Union von *Myanmar.* – Staat *Karen.* Die Karen sind berühmt als Kriege, und sie rufen auf den Rücken der Elefanten Neugier und Vorsicht zugleich hervor. Einige von ihnen vermieten die Dienste ihrer Elefanten als Verkehrsmittel oder für den Transport von Teakholzstämmen in *Meiktila*, hundert Kilometer südlich von *Mandalay*.

Union von *Myanmar.*
Arbeiten auf den Reisfeldern in der Nähe von *Bago.* Die jungen Mädchen schützen sich vor der Sonnenstrahlung mit dem *tanaka*-Pulver.

(Seite 88 und 89)

Union von *Myanmar.* - Staat *Chan.* Die fliegenden Märkte um den See *Inlé* sind Treffpunkt der Volksgemeinschaften von *Pa-O, Palaung, Kachin, Intha, Danu, Wa, Lahu, Kaw, Padaung, Kayah und Miaozel.*

Militärregierung alle Dörfer und verbannte die Bevölkerung aus dem von der UNESCO bestimmten Umkreis der Monumente.
In der Ebene von *Bagan* ist die Trockenzeit besonders heiß und anstrengend. Um sich zu schützen, legten die Mönche im 13. Jahrhundert unterirdische Tunnel an und bauten in ihnen ihre Klöster, wie *Thamiwet Umin* zum Beispiel.
Als Folge einer Erscheinung grub der Vorgänger von *U-Yar-Zen-Da*, des heutigen Abtes des Klosters von *Kyat Kan*, seine Kultstätte an einem Ort aus, an dem die Mönche eine in den Fels geflüchtete Buddhastatue aus dem 12. Jahrhundert gefunden hatten. Der eindringliche, hypnotische Blick des sechzigjährigen *U-Yar-Zen-Da* verkörpert für uns die ganze Tiefe des buddhistischen Glaubens.
Kyaw Kyaw erzählt uns von einem anderen, wenig bekannten Ort weiter im Süden, an der Grenze des Staates *Arakan*, und bietet an, uns hinzuführen. Es handelt sich um eine Pagode namens *Man Sar Taw Yar* oder *Shwe Sar Taw*, eine große Pilgerstätte der Birmanesen. Sie ist nur in der Trockenzeit zugänglich und befindet sich zwei Autostunden südwestlich von *Minbu*, am Ufer des Flusses *Man*, zwischen *Chinzu* und *Pa-aing*. Die Pilger kommen von sehr weit her, um *Buddha* ihre Gaben zu bringen und Verdienste zu erwerben. Einer der beiden Fußabdrücke Buddhas, die man dort sehen kann, soll 2.480 Jahre alt sein, sagt man.
In dieser Jahreszeit erlaubt der niedrige Wasserstand des Flusses die Errichtung von Häusern aller Art auf Pfählen, in denen man familiäre guest-houses oder zahlreiche kleine Läden unterbringen kann. Die höher gelegenen sind den Militärs vorbehalten, die darunter der regierungseigenen Ölgesellschaft MPPE und die ganz unten schließlich den Zivilisten. Dieses kurzlebige Dorf wird bei den ersten Anzeichen der Regenzeit wieder abgebaut.

Die Zeremonie der Novizen

Der April ist der geeignetste Monat für die Zeremonie der Novizen, *shinbyu* genannt. Wenn in einer birmanischen buddhistischen Familie ein Sohn geboren wird, ist der erste Gedanke der Eltern und Großeltern, dass sie sich dadurch Ansehen (*kusala*) erwerben, dass sie den Knaben in einem Orden der Verkündigungslehre *Buddhas* unterbringen. Die Eltern erwarten mit Ungeduld sein Alter von zehn Jahren, um diese Zeremonie, diese *shinbyu*, von der sie träumen, durchführen zu können. Der Gedanke daran beflügelt sie noch mehr zu arbeiten, um die notwendigen Mittel dafür aufzubringen. Wenn endlich der lang herbeigesehnte Tag gekommen ist, wird das Kind, gekleidet wie ein Prinz und mit Ehrengeleit zum Kloster gebracht.

Einer Legende nach hatte sich *König Asoka von Patali*, der sein Reich auf gewalttätige und grausame Art vergrößert hatte, gewandelt und wurde schließlich zum guten Herrscher und Verteidiger der Lehre *Buddhas*. Nachdem er sich unter der guten Führung des ehrwürdigen *Maha Mogliputtatissa*, der ihm ein eifriger Lehrer war, zum Buddhismus bekehrte, ließ er nicht nach, sich in verdienstvollen Werken auszuzeichnen. Er war bemüht, seine früheren Gewalttaten wiedergutzumachen, und ließ darum 84.000 Pagoden und ebenso viele Trinkwasserbrunnen zum Wohle aller Menschen bauen. Aber als er seinen Lehrer fragte, ob er sich selbst zum Verkünder der Lehre *Buddhas* machen könne, antwortete *Maha Thera* (ein anderer Name seines Meisters), dass alle seine guten Taten zwar lobenswert seien, doch keine sich eignen würde, die Lehre *Buddhas* zu verkünden, da er ein guter Verteidiger, aber kein guter Verkünder seines Wortes sei. Als der König fragte, welcher denn sein Weg wäre, bekam er die Antwort: »Nur diejenigen, die ihre Kinder im buddhistischen Orden *bihkkhusangha* unterbringen, können sich Boten *Buddhas* nennen.« Daraufhin beschloss der König seinen Sohn und seine Töchter in diesen Orden eintreten zu lassen.

Während der Zeremonien anlässlich der *shinbyu* belebt sich jede Stadt, jedes kleinste Dorf in *Myanmar*, und es dröhnt in Farben, Musik und Tanz zu Ehren dieser Kinder.

An den laotischen Toren zu Kambodscha

Wir wollten die Kunst, das Leben und die Spiritualität von *Myanmar* mit denen von Kambodscha vergleichen. Wir müssen jetzt das Land von West nach Ost und danach *Laos* durchqueren, um *Kambodscha* im Norden zu erreichen. Es

gibt dafür keine andere Wahl, als die Straße von *Mandalay* nach *Lashio* im Staat *Chan* zu nehmen und so *Kengtung*, die Hauptstadt des goldenen Dreiecks, zu umgehen. Für deren Straße wäre eine Spezialgenehmigung der birmanischen Regierung erforderlich, die wegen zahlreicher Zusammenstöße zwischen der birmanischen Armee und den Rebellen *Chan*, besonders in Richtung *Yunnan*, fast unmöglich zu bekommen sind. Auf dem Weg, 22 Kilometer von *Pyin U Lwin entfernt*, befindet sich eine andere Kultstätte, die ebenfalls in den Touristenführern fehlt, den Birmanesen aber gut bekannt ist, und bei der wir einen Halt einlegen wollen. Es handelt sich um *Paik Chin Myaung*, eine Grotte mit zahlreichen Rekonstruktionen buddhistischer Szenen sowie einer goldenen Nachbildung von *Maha Muni* von *Mandalay*. Dafür verzichten wir auf die Besichtigung eines Brückenpfeilers des Viadukts von *Gokteik*, das die Rebellen vermint haben. Ein hervorragendes, 1906 von den Engländern gebautes Kunstwerk, das eine 300 m tiefe Schlucht überbrückt. Nachdem wir mehrere Militärposten umgangen haben, wagen wir uns auf diese verbotene Straße, die von vielen riesigen, mit Teakholz beladenen Lastwagen befahren wird. Neun lange Stunden brauchen wir für 270 Kilometer. Das Ende des Weges wird von Soldatenposten markiert, jede Brücke bedeutet einen Halt. Das Militär wacht die ganze Route entlang über die Sicherheit derjenigen, die sich hierher wagen. Wir befinden uns in der Einflusszone von *Shan Chi Fu*, alias *Khun Sa*, den die internationale Presse »Opiumkönig« nennt. Kaum zwei Monate ist es her, dass auf diesem Straßenabschnitt drei Zivilisten, an ihren Lastwagen gefesselt, zusammen mit der Ladung durch eine isolierte Rebellengruppe verbrannt wurden. Um nicht ein ähnliches, grausames Schicksal zu riskieren, müssen wir unbedingt noch

(Seite 90)
Union von *Myanmar.* – *Staat Chan.* Ein blattgeschmücktes Kind in einem Dorf der *Palaung.*

Union von *Myanmar.* – Staat *Chan.* Die Dörfer der *Palaung* setzen sich aus etwa 60 Familien zusammen, die auf große gemeinschaftliche, einräumige Häuser verteilt sind, in denen jede Familie ihre eigene ständige Feuerstelle unterhält.

vor der Nacht *Lashio* erreichen. Doch die Militärposten bekommen den Befehl, die Straße zwei Stunden vor der gewöhnlichen Zeit, wegen des Besuchs eines koreanischen Ministers in *Lashio,* zu sperren. Selbst wenn es uns gelingen sollte, das Passieren dieser Brücke auszuhandeln, so würden noch zwei weitere auf uns warten, und wir liefen Gefahr, in einem sehr exponierten Sektor blockiert zu bleiben. Die Soldaten lehnten das Risiko, uns zu beherbergen, ab. Die Nacht zog auf. Wir hatten keine andere Wahl, als umzukehren und zum zwei Stunden entfernten *Hsipaw* zu fahren.
Nachts werden die Straßen von den Soldaten nicht überwacht. Mit der Machete und der Kurbel in Reichweite sind unser Führer und der Chauffeur auf alles vorbereitet. Ein birmanischer Soldat, ein Ex-Rebell, und zwei seiner Kollegen bieten sich an, uns zu begleiten, alle drei auf einem Motorrad. Sie veranlassen die Öffnung von Straßensperren und verlassen uns nach drei sehr langen und sehr stillen Stunden in der ersten Stadt. Wir fuhren also in der Nacht durch diesen bergigen Buschwald, in dem es von bis zu den Zähnen bewaffneten Räubern aller Art wimmelt. Sie kontrollieren die geheimen und gefährlichen Straßen für Jade, Opium und tausend andere Schmuggelwaren. All dies geschieht sehr nah an *Bangladesch* und *Indien*, zwei Schritte von den Grenzen zu *China*, *Laos* und *Thailand*, im Herzen einer fabelhaften Welt aus Stein und Vegetation. Bis nach *Salween* erstreckt sich entlang eines Flusses, im Osten von *Myanmar*, dichtester Buschwald, in dem alle diese Menschen unter Waffen, mit ihren Wortführern versuchen, das Überleben der Bevölkerung, die stets durch die Übergriffe der Militärdiktatur gefährdet ist, zu sichern.

(Seiten 92, 93, 94 und 95)
Union von *Myanmar*. – Staat *Chan*. Die hiesige Art zu fischen ist einzigartig auf der Welt. Sowie der Fischer an der Wasseroberfläche einen Fisch erblickt, wirft er eine kegelförmige Reuse ins Wasser. Gehalten an der Spitze, fängt das Netz die Mahlzeit für die Familie ein.

»Die Holzhauer am Grund des Sees«

Während einer früheren Reise in der Region erzählten uns die auf den Straßen durch Zufall angetroffenen Reisenden von einer faszinierenden Gegend um den Stausee *Nam-Ngun*, im Osten von *Vientiane*, wo man einer eigenartigen und gefährlichen Tätigkeit nachgeht. Einige Monate später bereiteten wir uns nach mehreren Anläufen darauf vor, diese »Holzhauer am Grund des Sees« zu begleiten. Als die Wälder von 370 ha Größe am Staudamm von *Nam-Ngun* überflutet wurden, verloren die Einwohner ihre einzige Einnahmequelle, die Holzwirtschaft. Sie ließen allerdings nicht lange die Köpfe hängen, im Gegenteil, sie passten sich schnell den neuen Bedingungen an, woraufhin die Holzwirtschaft unter ganz besonderen Umständen weiterging. Der Stausee überflutete hundertausende von dicken Bäumen in bis zu fünfzig Meter Tiefem. Unter der Gefahr von den Turbinen des Kraftwerks sind die Holzfäller gezwungen, manchmal bis zu fünfzig Meter tief in das schwarze Seewasser zu tauchen, um die Bäume mit über 1,50 m Durchmesser zu zersägen. Eine selbstmörderische Arbeit in einer Tiefe, in der die Sicht kaum über sechzig Zentimeter beträgt. Mit einer kaum dichten Maske ausgerüstet, die fast das gesamte Sichtfeld vergittert und mit einem Gartenschlauch an einen Kompressor, der auf einer Barke liegt, verbunden begleiten wir die Holzfäller bei ihrem verrückten Job. Die Luft, die im unteren Bereich der Maske hereinströmt, verursacht Luftblasen, die in der Höhe unserer Augen platzen und die Sicht zusätzlich erschweren. Das um so mehr, weil in dreißig Metern Tiefe Dunkelheit herrscht. Wir fallen schwer auf die Bäume, fast zerdrückt vom Gewicht der Fotoausrüstung und den schlecht ausbalancierten Bleigürteln. Nachdem die pneumatische Säge ein-

geschaltet ist, tragen die Holzspäne, gemischt mit dem Heulen des Werkzeuges, zum allgemeinen Chaos bei. Wir wissen den Holzfäller in der Nähe, aber um ihn sehen und fotografieren zu können, muss man sich fast ans Ende der langen und arbeitenden Klinge bewegen. Wir vergessen bei diesem Anblick die Bedeutung der Worte »Druckabfall« und »Stickstoff im Blut«. Wir sind im übrigen nicht sicher, ob die Holzfäller den Sinn dieser Ausdrücke kennen.

Nach dieser extremen Erfahrung setzen wir unsere Route in Richtung *Kambodscha* fort, immer getrieben von unserem Wunsch nach Entdeckungen und Vergleichen. Die Völker ziehen uns genauso an wie ihre Kunst, und wir sind sehr neugierig, besonders die Kunst der Khmer und der Birmanesen miteinander zu vergleichen. Wenn die erste, vor allem religiös inspiriert ist und ohne Zweifel zu den bedeutendsten ganz Südostasiens zählt, so hat die zweite den Ruf, die originellste aller Künste des Südostens unter indischem Einfluss zu sein.

Während der *Laos*-Passage fällt uns auf, daß die Kunstwerke von *Luang Prabang* bis *Vientiane* neueren Datums sind. Diejenigen, die die laotische Kunst berühmt machten, stammen aus dem Königreich *Lan Xang* (Mitte des 14. Jahrhunderts) und weisen den Einfluss mehr oder weniger naher Nachbarn aus.

Eine bedrohliche Pracht: Angkor

Im Herzen des kambodschanischen Dschungels haben die Khmer in einer historischen Zeit, die unserem Mittelalter entspricht, einen prachtvollen Komplex errichtet, der in den Rang eines Weltwunders erhoben wurde – den berühmten »Tempelberg« von *Angkor* Vat. Die Türme mit dem Aussehen

(Seite 96 und 97)
Union von *Myanmar*. – Staat *Chan*. Die *Intha* leben ausschließlich von der Nutzung der Seereichtümer. Die Uferzonen des Sees bestehen aus Schlamm und Wasserhyazinthen, die eine dicke Humusschicht bilden, und von den *Intha* in schwimmende Gärten, *kyunpaw* genannt, verwandelt werden.

wie in *Bayon* (Frankreich), flankiert mit vier Gesichtern *Buddhas* mit Saumlippen, gehören zu den erstaunlichsten Werken der Khmer-Architektur. Dieses außergewöhnliche Architekturensemble, eingetragen in die Liste des Kulturerbes der Menschheit, wird doppelt bedroht: einerseits durch die zerstörerische Tätigkeit der Menschen, die vieles zerschlagen und plündern, und andererseits durch die Tätigkeit der Natur, die den Stein zersetzt. Die sich ausdehnenden Wurzeln und der Wollbäume, Parasiten und der Kot der Fledermäuse beschleunigen den Verfall.

Die gekennzeichneten, festen, steinernen Wege zu verlassen, ist vielfach gefährlich. Überall in den Büschen sind noch Antipersonenminen versteckt. *Angkor*, die Stadt der Götter, eine wahre Perle in einem grünen Ozean, kann bedrohlich und grausam sein. Kaum einige Monate nach der Unterzeichnung des Friedensabkommens von Paris zwischen neunzehn Staaten und vier kambodschanischen Konfliktparteien, darunter den Roten Khmer, wurde Kambodscha unter UNO-Mandat gestellt. Aber heute noch bleibt niemand von den Minen verschont, weder Frauen noch Kinder, für die die Tempel bevorzugte Spielplätze bleiben, und die täglich zu neuen Opfern werden. Auf dem Land erleiden tausende Kambodschaner jedes Jahr schwerste Verletzungen, viele von ihnen sterben. Mit seinen drei bis zehn Millionen Minen ist Kambodscha ohne Zweifel ein von dem, was man »Krieg der Feiglinge« nennt, am stärksten betroffenes Land.

Fast alle legten Minen in diesem Land: der Bauer, um seinen Hof zu schützen, die Soldaten, um die Attacken der Roten Khmer abzuwehren oder nächtliche Plünderungen zu verhindern.

Aber in *Angkor* lauern auch andere Gefahren: Ein amerikani-

scher Journalist von der »Bangkok Post«, den wir in *Phnom Penh* treffen, erzählt uns, dass er und andere Korrespondenten in Kambodscha am meisten die Anwesenheit thailändischer Söldner in den Tempelanlagen fürchten. Tagsüber fotografierten diese die Reliefs und kehrten in der Nacht zurück, um die Kunstwerke, die sie inzwischen zum Kauf angeboten haben, zu rauben. Wehe den Zeugen: Die Räuber zögern nicht, sie zu beseitigen.

Die Berühmtheit des Tempels *Bantey Srei* aus rosafarbenem Sandstein, dem Gott *Shiva* gewidmet, ist so groß, dass wir beschließen, ihn trotz zahlreicher Schwierigkeiten aufzusuchen. Der Weg zum Tempel kostet 300 Dollar, was einem Jahresgehalt der drei Soldaten, die uns begleiten, entspricht. Die 40 km lange Straße, die wir benutzen, wurde nachts von den Roten Khmer vermint und am Morgen von der Armee wieder geräumt.

Diese Mischung aus spirituellem und ganz realem Leben, aus Frieden und Gewalt macht aus diesem Weltkulturerbe eine einmalige und magische Stätte. In einem Land, das trotz des Blutvergießens, der Angst und der noch nicht lange zurückliegenden Grausamkeiten seine Schönheit und seine tiefe Poesie behalten hat und das sein Leid unter einem ewigen Lächeln verbirgt.

Union von *Myanmar*. –
Staat *Chan*.
Der Markt von *Condai*, in der Nähe des Sees *Inlé*. Die Familien kommen von den Hügeln der Umgebung herab, um Produkte und Neuigkeiten auszutauschen.

(Seite 99)
Union von *Myanmar*. –
Staat *Chan*
Ein Dorf der *Palaung*.

(Seite 100.)

Union von *Myanmar.* –
Staat *Chan.*
Die Familien der Volksgruppe der *Palaung* leben in Gemeinschaftshäusern aus Holz, ihr Dorf liegt 1.000 m hoch. Die Bedingungen für den Anbau von Gemüse, Früchten und Blumen sind dort ideal.

Union von *Myanmar.* –
Staat *Chan.*
Palaung beim Abendessen im Kerzenlicht. Das Bild erinnert an ein nächtliche Gemälde von Georges de La Tour oder den Gebrüdern Le Nain.

Union von *Myanmar.* –
Ebene von *Bagan.*
Das heiße und erdrückende Klima in *Bagan* veranlasste im 13. Jahrhundert die buddhistischen Mönche unterirdische Tunnel auszuheben, um dort ihre Klöster zu errichten. *Kyat Kan* ist eines davon und *U-Yar-Zen-Da* ist sein heutiger Abt.

(Seite 104 und 105)
Union von *Myanmar.* –
Staat *Chan.*
Im Jahr 1875 ließ Sar *San Owe*, Chef des *Staates Chan*, ein sehr vermögender und einflussreicher Mann und Feind der Zentralregierung, das Kloster *Shwe-Yan-Pyay* bauen. Der Chan-Baustil mit seinen 100 Pfählen macht es einzigartig im ganzen Staat *Chan.*

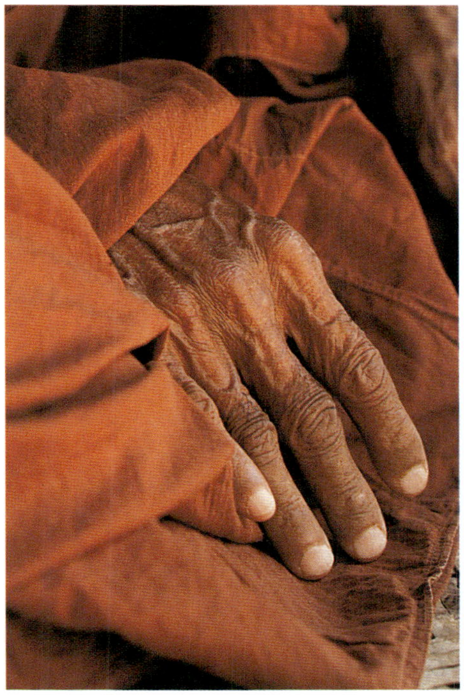

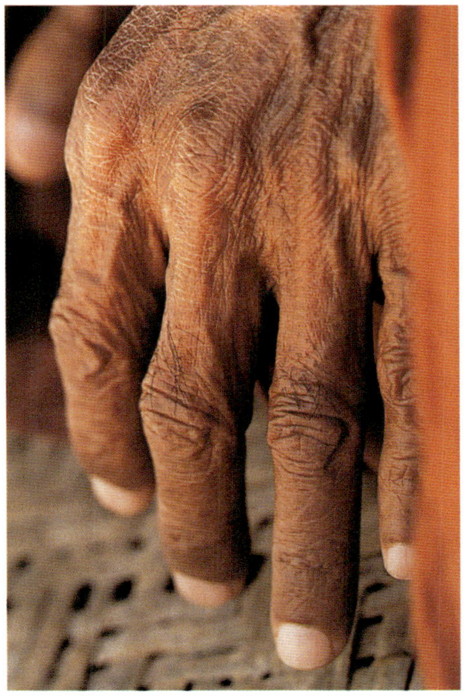

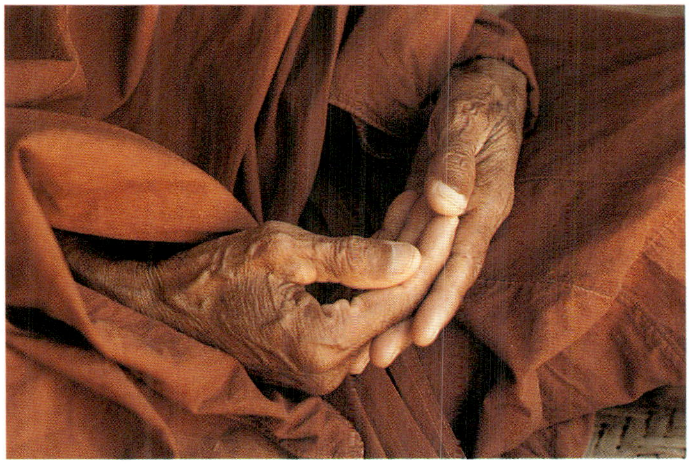

Union von *Myanmar.* –
Staat *Kayah.*
Von Kindesbeinen an bekommen die Mädchen der *Padaung* je einen Ring um Hals, Arme und Füße angelegt. Jedes Jahr wird ein neuer Ring hinzugefügt. Der Eindruck eines verlängerten Halses entsteht durch das Herunterdrücken der Schlüsselbeine und Schulterblätter. Mit 18 Jahren kann die Halslänge bis zu 25 cm betragen.

(Seite 107)
Union von *Myanmar.* –
Staat *Mandalay.*
Ein riesiger *Buddha* in der Nähe von *Monywa.*

(Seite 108)
Union von *Myanmar.* –
Staat *Mandalay.*
Zur Zeremonie *shinbyu*, der Einführung in das Noviziat, wird dieser, wie ein Prinz gekleidete Knabe in einer glänzenden Sänfte getragen. Dann rasiert der Abt den Schädel des Neophyten, bevor er die safrangelbe Kutte anzieht und in das Kloster eintritt.

Union von *Myanmar.* –
Staat Mandalay.
Im Kloster *Shwe-Nandaw-Kyaung*, berühmt durch die Komplexität seiner Skulpturen, studiert dieser junge Mönch. Diese Kultstätte ist eine der wenigen, die von Feuer und nacheinander folgenden Zerstörungen (Erdbeben 1938, Zweiter Weltkrieg) verschont blieben. Der dazu gehörige Palast wurde vollständig niedergebrannt.

Union von *Myanmar.* –
Staat *Mandalay.*
Um einen alten steinernen
Buddha bauten die Einwohner
eine modernere Gebetsstätte.

Union von *Myanmar.* –
Staat *Mandalay.*
Po-Wantaung-Hill, auf der Ebene von *Sarlingyi* in der Nähe von *Monywa*, besitzt 450.000 Buddhastatuen, einige von ihnen datieren auf das 11. Jahrhundert zurück.

Union von *Myanmar.* –
Staat *Mandalay.*
Auf der Ebene von *Sarlingyi* stellt
der Tempel von *Than-Boat-Day*
für die Gläubigen 500.000
Buddhastatuen aus.

Union von *Myanmar*. –

Ebene von *Bagan*.

Empfang in einem kleinen Kloster.

Union von *Myanmar.* –
Ebene von *Bagan.*
Ein buddhistischer Mönch beim Meditieren in einem der unterirdischen Klöster, in denen man sich vor der Hitze in *Bagan* schützen kann.

Union von Myanmar. –

Ebene von Bagan.

Ein Relief.

Union von *Myanmar.* –
Staat *Mandalay.*
Das Innere von *Than-Boat-Day.*
Dieser zweihundert Jahre alte Tempel hat 500.000 *Buddhas*, die sowohl die Säle im Inneren als auch die Kolonnaden draußen schmücken.

Demokratische Republik ***Laos*****,** - In der Nähe von *Vientiane*. Die Schaffung des mehrere Hunderttausend Quadratmeter großen Stausees von *Nam-Ngun* überflutet die riesigen Wälder. Ihre wirtschaftliche Nutzung wurde dennoch nicht unterbrochen: Eine neue Generation von Holzfällern taucht jetzt bis zu 30 m tief, um am Grund die Bäume zu zersägen.

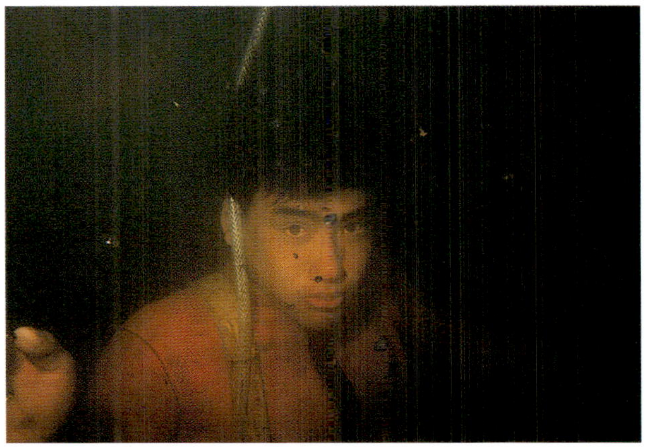

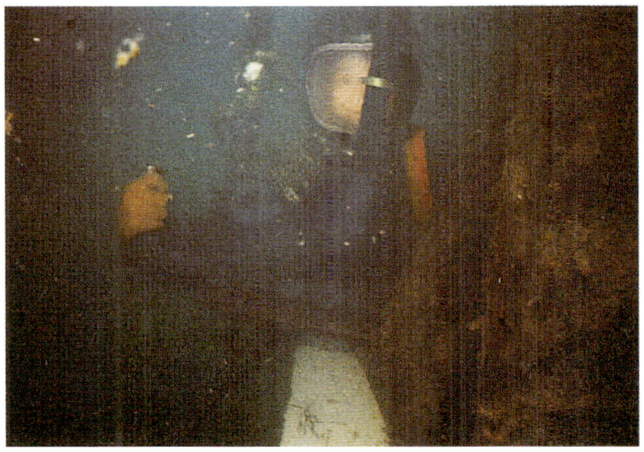

Demokratische Republik *Laos*.

Kinder baden in den flachen Gewässern des Mekong.

Kambodscha. – Die archäologische Stätte von *Angkor*. Einer der schönsten architektonischen Komplexe des Welterbes wird doppelt bedroht: einerseits durch Zerstörung und Plünderung der Menschen und andererseits durch die Natur, die am Stein nagt (wuchernde Baumwurzeln, Parasiten, Fledermauskot). Jetzt, da sich die Roten Khmer von dieser Stätte, die ihr Chef *Pol Pot* für sich reklamiert hatte und der aus ihr seine Hauptstadt machen wollte, zurückgezogen haben, können die Mönche wieder auf den dicken Mauern des aussätzigen Königs umhergehen.

Kambodscha. – Die archäologische Stätte von *Angkor.* Die Tempelanlagen sind die bevorzugten Spielplätze der Kinder geblieben. Leider werden noch immer Frauen und Kinder Opfer von Minen, die dort vergraben wurden.

Kambodscha.

Wiederaufbau in *Phnom Penh.*

Kambodscha. –
Die archäologische Stätte von *Angkor.*
Im tropischen Wald im 11. Jahrhundert entstanden bleibt die königliche Stadt *Angkor*, eines des Weltwunder, weiterhin den Attacken der Natur und der Menschen im Krieg ausgesetzt. Diese rote Morgendämmerung ist das Symbol für ein Land, das wegen der Verrücktheit einiger weniger lange in Angst und Schrecken lebte.

Kambodscha. Trotz des Pariser Abkommens im Oktober 1991 setzten die Roten Khmer ihren Kampf fort, um die Dörfer zurückzuerobern und so ihre Einflusszone zu erweitern. Auf dem Rückweg vom Tempel *Banteay Srei Reap* leisten wir einem Soldaten der regierungstreuen Armee, den eine vergrabene Mine verletzt hat erste Hilfe.

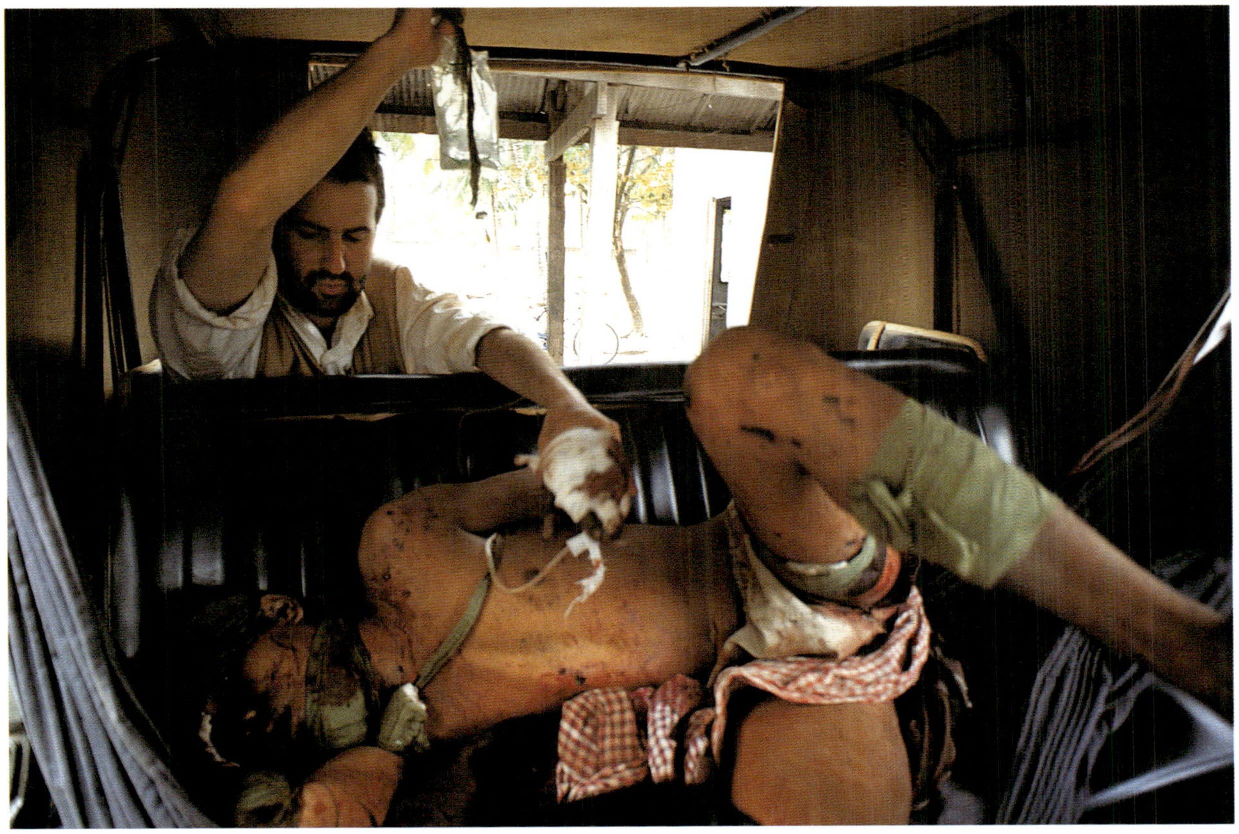

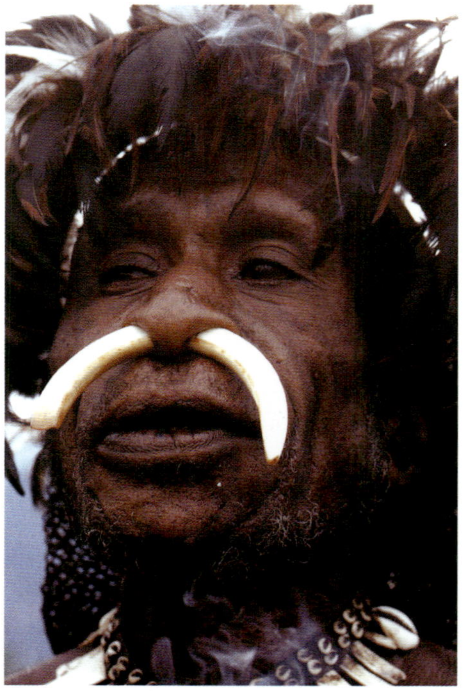

Irian Jaya, *Neuguinea*,

Territorium *Yali*.

Porträt des Dorfältesten von

Piliam.

Papua
Die Mentawai-Inseln

Geister des Dschungels

Eine Reise in Länder mit extremen Gegensätzen wie *Papua-Neuguinea*, *Irian Jaya* oder *Siberut* ähnelt einer Expedition oder Pilgerreise oder, richtig gesagt, einer Fahrt zur Hölle. Der Zutritt zu diesen Ländern ohne »Gebrauchsanweisung« kann nur improvisiert sein, und jede Anwesenheit auf ihren Ter-ritorien ist wie ein Wunder. Die üppige Natur des Dschungels von *Irian Jaya* oder *Siberut* auf den *Mentawai-Inseln* zu durchstreifen und in jedem Augenblick diese unglaublich beeindruckender Bilder in sich aufzunehmen, grenzt schon fast ans Unmenschliche. In dieser neuen Etappe suchen wir nach der wildesten Welt. Unser Abenteuer dehnt sich immer weiter nach Osten aus, zu Stämmen hin, die vers-teckt an den Grenzen der weiträumigen und stillen Dschungel *Indonesiens* leben.

Der erste und originellste von ihnen liegt auf der paradiesischen Insel *Siberut*, entlang der Westküste von *Sumatra*, auf den *Mentawai-Inseln*. Hier werden wir die Blumenmenschen vom Clan der *Saige Oni* erleben. Dieses kleine Volk, dessen Angehörige von Kopf bis Fuss tätowiert sind, kennt weder Reis noch Webtechnik, nicht einmal Tongeschirr, und lebt ausschließlich vom Dschungel. Seine Hauptbeschäf-tigungen sind Fischfang, Jagd und Sammeln. Die *uma*, das große Haus, ist das Zentrum allen sozialen Lebens: Dort ruft während der Rituale voller Trance rituellem Tanz, der Schamane *Teu Rotchak* in der Tradition von *Sikkerei* die Geister an, um die Kranken zu heilen.

Wir verlassen den Hafen von *Padang*, einer wichtigen Stadt von *Sumatra*, in Richtung *Muarat-Siberut* an Bord eines Kahns, mit dem wir einen Zipfel des Indischen Ozeans (ca. 100 km) in zwölf Stunden überqueren werden. Die Nacht zeigt sich von freundlicher Seite, und der Mond erhellt eine ruhige See. Im unteren Teil des Schiffes, in der Nähe des lär-

(Seite 130)
Mentawai-Inseln, (*Indonesien*), Insel *Siberut*. Beim Tanz *Ouliat maniang* tritt der sich in Trance befindende *Teu Rotchak* in Kontakt zum Dschungelgeist *Taika Leule*, um einem Kranken Heilung zu verschaffen.

Mentawai-Inseln (*Indonesien*), Insel *Siberut*.
Die Tänze zur Heilung spielen sich in vier Phasen ab: der Tanz der Vögel (*Ouliat uma*), der Tanz des schwarzen Affen (*Ouliat bilou*), der Tanz des Adlers (*Ouliat maniang*) und der Tanz des Adlers im Kampf mit dem Hahn (*Ouliat piligi*).

menden Motors, schlafen Menschen, einer auf dem anderen liegend. In Minikabinen auf dem oberen Deck spielen die Australier Karten. Unsere zwei Quadratmeter große Kabine ist vollgestopft mit dem Proviant für den Dschungel. Es gelingt uns, einen Durchgang zwischen den Paketen zu schaffen. Mit einem Hemd unter dem Kopf, das mir das Atmen ermöglicht, gelingt es mir trotz der Saunabedingungen einzuschlafen. Nach gut drei Stunden Schlaf, der durch den Lärm des Motors, dem Knarren der Kabinendecke, dem Türenschlagen benachbarter Kabinen und selbst dem endlosen Prellen eines Balls unterbrochen wurde, ist es diesmal die See, die Radau macht. Zur allgemeinen Aufregung gesellt sich jetzt der ohrenbetäubende Krach der Wellen, Blitze erhellen das Meer und der Donner rollt über unsere Köpfe hinweg. Zufrieden, ein so schönes Spektakel erlebt zu haben, schlafen wir wieder ein. Wie in einem Alptraum beendet das von einem indonesischen Rundfunksender ausgestrahlte Hard-Rock-Geschepper, diese Etappe.

Dem örtlichen Zeitplan folgend und nachdem wir uns logistisch etwas vorbereitet haben, fahren wir mit einer Motorpiroge den Fluss aufwärts bis *Madobak*, ein erneut von der indonesischen Regierung beherrschtes Dorf. *Pangeh*, eine Art Schamane mit Heilkräutern und Medium des Clans *Sakkukudei*, empfängt uns in seiner *uma*, der ältesten im Dorf und mit vielen Jagdtrophäen dekoriert. Die Zahl der Schädel am Eingang lässt keine Zweifel über seine Jagdqualitäten aufkommen.

Am nächsten Tag setzen wir unsere Reise bei mörderischer Hitze fort. Seit unserer Ankunft hat es nicht aufgehört zu regnen, und abgesehen vom schlammigen und rutschigen Dschungelboden müssen wir ständig irgendwelche Flussläufe überqueren. Nach sechs Stunden Fußmarsch erreichen wir

Mentawai-Inseln (*Indonesien*), Insel *Siberut*. Im Regenwald kehrt der Schamane den Fluss entlang zur *uma*, dem großen Haus, zurück. Ein Blatt des Bananenbaumes dient ihm als Regenschirm.

Mentawai-Inseln (*Indonesien*), Insel *Siberut*. Den Blick ständig in die Baumgipfeln gerichtet, jagt der Jäger den *simakkobuk*, den grauen Affen. Die Oberschenkeltätowierung zeigt die Rippen des Bananenblattes.

eine Lichtung mit der uma des Clans von *Saige Oni*. *Hendricus*, unser Führer, kennt diesen Clan gut, denn er lebte zehn Jahre zuvor in seiner Mitte. Hier werden wir die täglichen Aktivitäten der »Blumenmenschen« miterleben.

Die täglichen Aktivitäten der »Blumenmenschen«

Teu Rotchak und die Kinder von *Aman Pinchen* betreten still und respektvoll den Dschungel. Sie sind auf der Suche nach einem morschen Sagobaum, einer Palme Südostasiens, aus dem sie eine weiße, daumengroße Larve, *tarama* genannt, herausholen werden. *Teu Rotchak* legt sein Ohr an den auf dem Boden liegenden Baumstamm und lauscht auf den Krach der fressenden Larven. Nach der Rückkehr schlägt mir eine seiner Töchter vor, sie an den Fluss zu begleiten. Sie trägt in ihren Armen drei Hundewelpen, von denen einer für die Jagd bestimmt ist. Auf Kieselsteinen balancierend bleibt sie an der tiefsten Stelle stehen und wirft alle drei ins Wasser. Die ersten beiden gehen langsam unter, der dritte scheint mit allen Vieren nach oben auf dem Wasser zu treiben. Mit Hilfe eines Stockes rettet das junge Mädchen den Welpen, und die Hundemutter, die die Szene vom Ufer verfolgte, beschnuppert den kleinen, nassen, wie leblosen Körper.
Am nächsten Morgen bricht *Aman Beili*, der fünfzigjährige auf, die Mangos für die Familien des Dorfes zu pflücken. Ein bogenförmiges Gestell aus Rohr, umwickelt mit Kabit, einer roten Pflanzenfaser, ermöglicht ihm das Klettern auf die Bäume. Mit Hilfe von zwei Stücken Holz stellt er eine Stange mit einem Haken her, die er an seinem Gürtel befestigt. Der Aufstieg kann beginnen. Die ersten vierzig Meter werden mit erstaunlicher Leichtigkeit erklommen, dann pflückt er mit Hilfe seines Stockes eine Mango nach der anderen.

Aman Beili ist der einzige Mann des Clans, der auf Bäume klettert. Wenn ein Mitglied von *Saige Oni* eine Frucht wünscht, tritt er ohne zu zögern in Aktion, und wenn er dazu nicht mehr in der Lage ist, wird *Teu Rotchak* einen Kletterer von einem anderen Clan um Hilfe ersuchen. Aman Beili ist auch ein sehr guter Jäger. Seine Jagdtechnik auf den *simakkobuk*, einen kleinen grauen Affen, ist unglaublich ef-fektiv, aber auch sehr gefährlich. Um an ihn heranzukommen, klettert er meistens in der Nacht, ohne weit sehen zu können, auf die Bäume. Im Morgengrauen ist er manchmal von der Höhe, die er in der Finsternis erklettert hat, selbst überrascht. Vierzig Meter über dem Erdboden bereitet er seinen Bogen vor, zieht einen vergifteten Pfeil aus seinem Köcher, und das Gebrüll des getroffenen Affen erschallt durch den Urwald. Das Pfeilgift tötet ihn fast augenblicklich. Um dieses Gift herzustellen, hat *Teu Rotchak* vier Pflanzen gesammelt (*omai*, *daro*, *baklau* und *laingik*), die er zerquetscht, miteinander vermengt und anschließend mit Hilfe einer Holzklammer, *pepe tchile omai* genannt, um einen Rohrring wickelt und auspreßt. Einige Tropfen des Gifts werden auf die ersten fünfzehn Zentimeter der Pfeilspitze verteilt und anschließend erhitzt.

Weil der Regen immer stärker wird, versammeln sich alle in der uma. *Bai Teu Rotchak*, die Frau des Schamanen, ihre Tochter Ana und *Bai Kolak Kunen* nutzen die Zeit, um an den Fluss zu gehen und Garnelen (*siloloinan*) zufangen. Mit ihrem *suba*, einer Art dreieckigem Kescher, scharren sie am Boden und drehen Kieselsteine um. Die Garnele, einmal im Netz, landet anschließend in einem hohlen Bambusstock, den sie an Schulterriemen tragen. Das wiederholen sie mehrere hundert Male.

Manchmal reduzieren sich die Tagesaktivitäten auf das

Mentawai-Inseln (*Indonesien*),
Insel *Siberut*.
Beim Clan *Saige Oni* ist der Fischfang Frauensache.

(Seite 134)
Mentawai-Inseln (*Indonesien*),
Insel *Siberut*.
Bai Teu Rotchak dreht auf dem Flussgrund mit Hilfe eines dreieckigen Keschers Kieselsteine um und fischt anschließend Garnelen (*sililoinan*).

(Seite 136 und 137)
Mentawai-Inseln (*Indonesien*),
Insel *Siberut*.
Bakkat seksek (der Dschungel).

Warten auf bessere Wetterbedingungen. Dennoch gehen die Männer fast jeden Tag mit dem Bogen in der Hand in den Dschungel. *Aman Kolak Kunen*, der junge *Sikkerei*, will mir die Größe seiner Piroge zeigen, die er gerade fertigstellt, und nimmt mich zur Hütte von *Aman Pinchen* mit, um einige Werkzeuge zu holen. Weil der Regen erneut einsetzt, zieht er es vor, eine Pause einzulegen und eine *ube*, eine aus dem trockenen Blatt des Bananenbaumes gedrehte Zigarette zu rauchen. Er erzählt mir, wie er mit vielen Helfern weit in den Dschungel eindringen musste, um einen passenden Baum zu finden, um eine zehn Meter lange Piroge anfertigen zu können. Nachdem der Stamm grob bearbeitet und ausgehöhlt war, mussten fast dreißig Männer anfassen, um ihn zu tragen.

In der Abendstunde

Bei Einbruch der Nacht laden wir den Clan in unsere Hütte zum Abendessen bei Kerzenschein ein. Fast alle Männer sind gekommen. Sie erzählen über ihre Tagesarbeit, über die Traditionen, die langsam verlorengehen, wie zum Beispiel das Spitzschärfen der Zähne (*masi-piaso*). Um bei solch einer Operation dabeisein zu können, müssen wir nur auf eine entsprechende Gelegenheit warten.
Im Laufe des Abends macht mich *Hendricus* mit einer Kopfbewegung auf die übergroße Füße von *Aman Beili*, den Baumkletterer, aufmerksam. Dieser dünne Mensch von sehr kleiner Gestalt hat riesengroße Füße, besonders die Zehen, die sehr deformiert sind. Sie sind so breit, dass die Zwischenräume vom Fußpilz befallen sind. Ich biete ihm ein entsprechendes Pulver an, aber er antwortet, nicht ohne Humor,

(Seite 138)
Mentawai-Inseln (*Indonesien*), Insel *Siberut*.
Plötzlich bleibt *Teu Rotchak* stehen und flüstert: »*Itche umak!*« (»Ein Vogel!«)

Mentawai-Inseln (*Indonesien*), Insel *Siberut*
Die schwarze Tinte aus einer Mischung von Holzruß und Zucker aus Zuckerrohr wird nach rituellen Motiven sorgfältig auf die Haut aufgebracht. Die Tätowierung erfolgt durch eine Menge kleiner Löcher mit Hilfe eines angespitzten Holzstückes (*paniti*).

dass sein Leiden ihm sehr nützlich sei. Er zeigt auf meine Armbanduhr und sagt lachend: »Wenn mich der Fuß oben juckt, ist es drei Uhr, und wenn das Jucken die Achillesferse erreicht, zeigt es mir den Sonnenaufgang und dass der Tag nahe ist. Wenn du mich gesund machst, musst du mir deine Uhr geben, weil ich sonst alle meine Anhaltspunkte für die Zeit verliere.«
Aman Kulen Konak kommt, um uns abzuholen, damit wir bei der Tätowierung eines jungen Mädchens zuschauen können. Die schwarze Tinte, die er in einer Kokosnussschale zubereitet, ist eine Mischung aus Rußpulver und Zucker, *suat paniti* ge-nannt. Die Tätowierung erfolgt nach traditionellen Motiven mit Hilfe eines Holzplättchens, dessen Spitze man *paniti* nennt, und mit dem er die Haut einsticht und anschließend schwarz einfärbt.
Das Ritual der Tätowierung erfolgt in mehreren Etappen. Die Männer beginnen im allgemeinen mit Rücken und Armen, dann gehen sie an die Oberschenkel und Hände, um das Kunstwerk schließlich an den Knöcheln zu vollenden. Die Zeichnungen an den Armen erinnern an Rohrzweige mit scharfen Stacheln, die an den Knöcheln an die Rippen des Bananenbaumblattes.
Die Familien haben sich jetzt angewöhnt, uns jeden Abend in unserer Hütte zu besuchen. Alle rauchen, Männer, Frauen und Kinder, und spucken der Reihe nach durch die Bambusstäbe am Fußboden. Dort unten kocht langsam unser Essen und der Rauch, der durch die Bambusstäbe zu uns aufsteigt, droht uns zu ersticken. Immerhin ist das eine Auszeichnung für uns, denn normalerweise ziehen sich alle bei Einbruch der Dunkelheit zurück. Manchmal gehen selbst Frauen mit der Fackel in der Hand zum Fischfang.
Kerzen sind ein Luxus, den sie sich nicht leisten können. Ich

Mentawai-Inseln (*Indonesien*),
Insel *Siberut*.
Aman Beili klettert mit erstaunlicher Leichtigkeit auf die feuchten und glatten Bäume.

stelle bei dieser Gelegenheit fest, dass diese uns nicht nur Licht spenden, sondern auch ermöglichen, diese pittoreske Szenen zu erleben. So beobachte ich Ana, die jüngere Tochter von *Teu Rotchak*, die neben mir an einer Kerze sitzt und mit den Augen fliegende Ameisen, die um die Flamme fliegen, verfolgt. Plötzlich fängt sie mit einer schnellen Handbewegung mehrere von ihnen und verspeist sie. Als sie merkt, dass ich sie beobachte, lächelt sie mich an und verschwindet. Einige Minuten später kommt die schelmische Göre mit einem Frosch zurück, den sie an einem Bindfaden, um den Bauch gewickelt, an der Hand in die Nähe der Kerze führt. Die Fortsetzung lässt nicht lange auf sich warten. Mit einer einzigen Bewegung fängt der Frosch eine fliegende Ameise. Prompt nimmt ihm Ana das Insekt aus dem Maul und schluckt es selbst hinunter
Sie wird noch lange unsere Kerzen abbrennen, um das Wachs zu sammeln, das sie dann in ihren Bambusstöcken formt. Müde vom langen Tag schläft *Bai Teu Rotchak*, die Frau des Schamanen, im Sitzen und mit ausgestreckten Beinen ein.
Der Regen hört auf und im Dschungel wird es lauter. Die Insekten werden wach, Glühwürmchen schwirren herum.

Im Laufe der Zeit

Die Tage vergehen und ähneln sich, der Regen fällt fast ununterbrochen. *Teu Rotchak* nimmt mich mit in den Wald. Manchmal bleibt er stehen, um einige stark riechende Blätter aufzusammeln, die er zerdrückt. Er hält sie mir unter die Nase, bevor er sich mit ihnen den Bauch einreibt.
Er beschließt, mir seine uma vom Gipfel eines Berges zu zeigen. Wir bahnen uns den Weg mit der Machete. Er horcht und beobachtet, alle Sinne hellwach, immer den Blick in die

Baumwipfel gerichtet. Er analysiert schnell die Situationen und fällt ebenso schnelle Entscheidungen - ein Mann, der es gewöhnt ist, im Dschungel zu leben und sich in ihm zurecht zu finden. Mit einer Geste weist er in die Richtung, die wir nehmen müssen, um die noch unseren Blicken verborgene *uma* zu erblicken. Nachdem wir einige zehn Meter abgestiegen und die letzten Hiebe mit der Machete gemacht haben, taucht sie Schritt für Schritt vor unseren Augen auf, als ob sich ein Theatervorhang heben würde. Der Anblick ist atemberaubend.

Er breitet die Arme aus, als ob er die *uma* umfassen wollte, und spricht.: »Kaipa leleu bage!« (»Du siehst, überall gibt es Berge!«) Dieser Berg erscheint sehr einsam, versunken in diesem grünen Universum, sehr feindlich jedem gegenüber, der mit ihm nicht zu leben weiß.

Auf dem Weg bleibt *Teu Rotchak* stehen, flüstert »Itche-Umak« (»ein Vogel«) und zeigt auf einen Baum. Dann bereitet er seinen Bogen vor. Unter einem Blatt des Bananenbaumes versteckt wartet er, spannt den Bogen, doch der Pfeil streift den Vogel nur leicht.

An einem Nachmittag führt *Aman Kolak Kunen* ein junges Mädchen in die uma. Sie nehmen beide auf der geschützten Terrasse des großen Hauses Platz. Er wird ihr die Zähne anspitzen. Dafür legt sich *Aman Kolak* alle Werkzeuge, die er braucht, zurecht: ein Messer mit langem Griff und, als eine Art Hammer, ein Stück Hartholz. Ein kleines Rundholz wird hinter die Molaren geschoben, der Kopf auf die Knie gelegt, und die schmerzliche Operation kann beginnen. Eine halbe bis dreiviertel Stunde dauert die Behandlung einiger Zähne im Unterkiefer.

Während der ersten Expeditionen benutzten die Entdecker bei den primitiven Völkern die Fotografie als Mittel wissen-

schaftlicher Forschung. Unsere Suche ist in erster Linie persönlich und, wie ein Initiationsroman, basiert sie auf unserer inneren Vision. Durch die mehr subjektive Fotografie der Stammesgemeinschaften und ihrer Lebensart versuchen wir, uns dem »authentischen Menschen« zu nähern und ihn auf dem Bild festzuhalten. Eingetaucht in die eigentliche Seele des Dschungels, nähern wir uns, offen und sensibel für jede Botschaft der Existenz, der tiefsten Tiefe unserer eigenen Seele. Die Welt der ersten Stämme ist eine Welt, zu der man unbewusst tendiert, eine anziehende und zauberhafte Welt, in der jedes Ding seinen Platz im menschlichen Geist hat, wo alles fest miteinander verbunden ist, wo sich Natur und Kultur im vollkommenen Gleichgewicht mit den Gesetzen der menschlichen Gesellschaft befinden. Dank dieses Gleichgewichts kann sich die Vorstellungskraft befreien, sich Rituale ausdenken, in denen die tätowierten und bemalten Körper die Geister und Kräfte des Universums darstellen. Diese primitiven Stämme sind Weltordner. Ihnen entgegenzugehen kann uns neue Wege eröffnen und uns wieder den Sinn zurückgeben, den wir schon für verloren hielten.

Zeremonie des Abschieds

Nachdem wir lange Zeit beim Clan der *Saige Oni* gelebt haben, bereiten wir unsere Rückkehr nach *Sumatra* sowie unsere Weiterreise nach *Irian Jaya*, dem indonesischen Teil von *Neuguinea*, vor. Vor unserer, zwei Tage später vorgesehenen Abreise schenken wir unserem Freund Teu Rotchak zwei Ferkel und ein paar Hühner für ein Fest, das wir gemeinsam in Freundschaft feiern wollen.
Teu Rotchak überrascht uns mit Hilfe anderer Clanmitgliedern mit einer Zeremonie, die auch die anderen fünf Familien

(Seite 142)

Mentawai-Inseln (*Indonesien*),
Insel *Siberut*.
Ana schneidet sich einen Lendenschurz aus einem Blatt des Bananenbaumes.

Mentawai-Inseln (*Indonesien*),
Insel *Siberut*.
Aman Kunen Kolak bei den Feinarbeiten an seiner Piroge.

vereinigt. Die Familienchefs nehmen vor dem »*bak lou*« Platz, einem langen Bambuskasten mit Utensilien für die Zeremonie. Dieses Ritual findet im großen Hauptraum statt. In der Phase der ersten Konzentration, genannt »bakkat kat saila«, bittet *Teu Rotchak*, ein Huhn in der Hand, die Geister um die Genehmigung, die Zeremonie zu eröffnen.

Trommeln ertönen im Hintergrund des dunklen Raumes. Der Schamane bewegt sich mit lebhaften Gesten und stachelt die verängstigte Henne vor allen Clanmitgliedern nach dem Schutzritual an. Dann bricht er ihr mit beiden Händen den Hals und läßt sie, noch zuckend, grillen. Nun kommt das Ferkel an die Reihe, dem man, an den Beinen gefesselt, langsam mit der Machete die Kehle durchschneidet. Nachdem das Tier ausgeblutet ist, bricht es der Schamane auf und entnimmt die Eingeweide. Darin liest er die Zukunft des Stammes, genauso wie es die römischen Priester im antiken Rom mit Tierorganen auch getan haben. Er zerlegt dann das Ferkel in gleich große Stücke und verteilt diese unter den Familien.

Bei der Zeremonie tanzen die Schamanen der *Mentawai-Inseln* verschiedene tierische Tänze, um die Geister anzurufen. Angeregt durch das Dröhnen der Trommeln, der Schreie und dem Gesang geraten die »Blumenmenschen« in Trance. Sie führen nacheinander den Tanz der Vögel (*ouliat uma*), des schwarzen Affen (*ouliat bilou*) und der Adler (*oul(i)at maniang und ouliat piligi*) vor. Die Sikkerei tanzen im dunklen Raum.

Es sind dieselben Tänze, mit denen man ein Clanmitglied von seiner Krankheit heilt. Der Schamane *Teu Rotchak* ruft dann die betreffenden Geister an. Wenn es sich um eine im Dschungel erworbene Krankheit handelt, ruft er *Taika leleu* an, den Dschungelgeist, für den See ist der *Sipubari* und für

Mentawai-Inseln (*Indonesien*),
Insel *Siberut*.
Festessen mit *tamara*, Larven aus dem Sagobaum.

Mentawai-Inseln (Indonesien), Insel Siberut.
Wie die Priester im antiken Rom lesen auch die Schamanen die Zukunft des Clans in den Innereien der Tiere.

den Fluss der *Sika oinan* zuständig. Es ist zwei Uhr nachmittags. Der Himmel ist von schwarzen Wolken verhangen wie bei einer Mondfinsternis. Es ist fast Nacht, das Gewitter grollt, der Regen trommelt auf die Blätter und die Geister des Dschungels sind alle zum Rendezvous gekommen.

Den Papuas entgegen

In der Morgendämmerung unseres zweiten Jahrtausends hat sich ein Volk die Handlungen und Lebensart bewahrt, wie wir sie vor über zehntausend Jahren auch in Europa hatten. Einige formen und polieren den Stein wie im Mesolithikum, andere machen Feuer, indem sie ein Rohrstück an einem gespaltenen Holzscheit mit einem Docht aus Zunder reiben.
Unsere Expedition beginnt im Westen des Tals von *Baliem*, in der Mitte des westlichen *Neuguinea*, und endet in den Niederungen des *Asmat*, an den Küsten des *Arafura-Meeres*. Wir überqueren die Bergketten von *Jayawijaya* und *Wisnumuti* im Territorium von *Yali*, steigen zum Fluss *Eilanden* ab, entlang der Flüsse *Dairam Kabur* und *Dairam Hitam* in den Territorien von *Citak*, *Kombai* und *Korowai*, bis zur Mündung von *Siretsj*, wo vor fünfunddreißig Jahren *Michael Rockefeller* verschwand.
Nach drei Tagen Fußmarsch in Richtung Osten erreichen wir das Herz dieses stillen und kalten Dschungels mit seinen schäumenden, kleinen Pfaden. Einige hundert Meter Luftlinie bedeuten einen stundenlangen Marsch in schwierigem Gelände, in dem die Natur den Weg bestimmt: Äste, Wurzeln, Moderholz und auf dem Boden liegende Holzstämme führen uns über einem schlammigen und glitschigen Erdboden. Wir gewöhnen uns Schritt für Schritt an diese unglaublich feindliche Umgebung, in der die ständige, drückende Feuchtigkeit

unser Vorankommen noch beschwerlicher macht, als es die Überquerung des Himalaya war. Trotz der Müllsäcke, die uns vor Feuchtigkeit (und vor Schaben) schützen sollten, sind wir aufgeweicht und unsere Füße schwimmen in den Schuhen, von den Mücken ganz zu schweigen, die sich selbst in einer Höhe von 2.800 m noch als sehr lästig erweisen. Nachdem wir vor vier Tagen das sumpfige Plateau von *Gunung Elit*, das in 3.500 m Höhe im Nordosten vom großen Tal von *Dani* gipfelt, verlassen haben, machen wir auf dem 3.100 m hohen Pass, zwischen zwei tief eingeschnittenen Tälern einen Halt. Unter unseren Füßen zeugen kleine, an die Hänge geklebte, bearbeitete Felder und Hütten mit spitzen Dächern von der Anwesenheit von Menschen. Mit einer Steinaxt auf der Schulter oder einem Bogen in der Hand kehren die kleinen, nackten Menschen, die die *coteka*, das ist ein Etui, auf dem Penis, tragen, was ihnen als eine Art Personalausweis des Stammes dient, ins Dorf zurück. Sie gehen zur zentralen Hütte, zum Haus der Männer, in dem die Waffen und die Kultutensilien untergebracht sind. Dieser heilige Ort, in dem die eingeweihten, erwachsenen Männer des Dorfes leben, ist unantastbar, einschließlich durch die Feinde in der Kriegszeit. Es sind zwischen zehn und fünfzehn Männer verschiedenen Alters, die dort gemeinsam die Arbeit auf den Feldern, den Bau der Hütten, Feste, Rituale oder die Jagd sowie Kriegshandlungen, insbesondere als Folge einer Frauenentführung, besprechen. Darum herum stehen die Hütten für Frauen, Kinder und Schweine, letztere werden vollständig als Familienmitglieder angesehen. In diesem Teil von *Irian Jaya*, bei den ablegendsten Clans, sieht man es nicht selten, dass eine Frau gleichzeitig ihr Kind und ein Ferkel stillt. Die Kinder werden als zum weiblichen Geschlecht gehörend bis zur Initiation betrachtet, bis in einer feierlichen Zeremonie

(Seite 146)
Mentawai-Inseln (*Indonesien*),
Insel *Siberut.*
Aman Kunen Kolak bereitet sich auf eine Zeremonie vor.

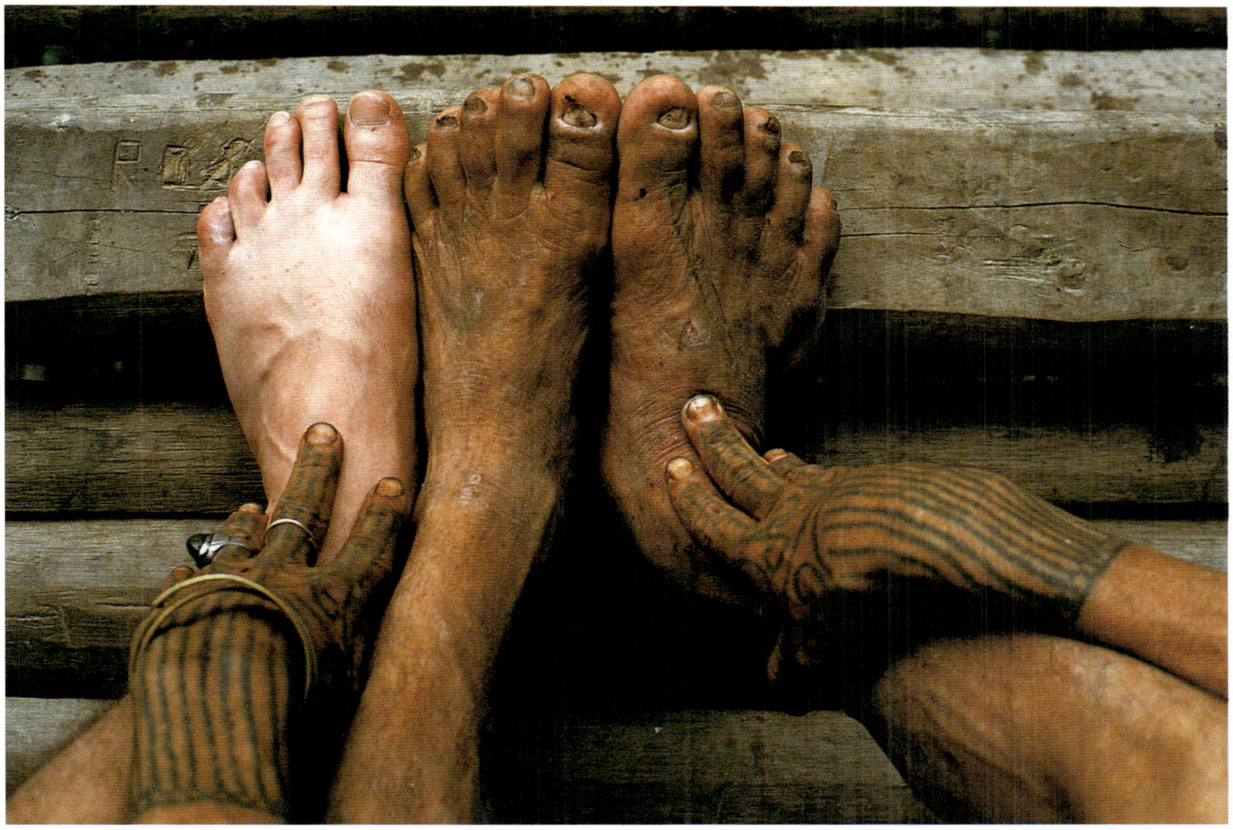

Mentawai-Inseln (*Indonesien*),
Insel *Siberut.*
Die Füße von *Aman Beili*, eines kleinen Mannes von 1,45 m Größe und einem Körpergewicht von 40 kg, werden täglich aufs neue vom rauhen Dschungelboden und Baumstämmen strapaziert. Man kann sie hier mit denen des Fotografen, Schuhgröße 44, vergleichen.

Knaben und Mädchen voneinander getrennt werden. Bis zu diesen feierlichen Zeremonien leben die Jungen mit ihren Müttern und Schwestern zusammen und haben nur sporadisch Kontakt mit der Welt der erwachsenen Männer. Die Erlaubnis, ein *coteka* zu tragen, erfüllt sie mit mächtigem Stolz denn damit werden sie zu erwachsenen Männern und zu Kriegern.
In dieser Ecke der Welt gibt es noch einige unerforschte Gebiete, die täglich kleiner werden, weil die Evangelisierung, eine regelrechte Eroberung der Seelen bei den scheuesten Stämmen, fortschreitet, aber auch wegen der Ausbeutung durch die Bergbaugesellschaften, die die *Papuas* aus ihrer Heimat vertreiben. Wie wir während unserer ganzen Reise feststellen, haben sich die Gegenstände aus unserer Welt durch Tausch und Handel überall verbreitet. Metallstücke finden hier eine neue Bestimmung: Das Ende einer Stoßstange, die Missionare verloren haben, ersetzt den bearbeiteten Stein auf einer Axt, Kunststoffstücke schützen vor der Feuchtigkeit. Eines Tages werden Kerzen, Feuerzeuge und Macheten auftauchen.

Das Land des Wassers

Unser Vorankommen wird immer schwieriger. Um uns zu orientieren und Kontakt zu halten, haben wir nur unsere *Papuas*, die uns als Träger begleiten. Bald werden wir nichts mehr zu essen haben: wir haben schon den Großteil unseres Proviants geteilt. Wir marschieren schon seit vierzehn Tagen acht bis zwölf Stunden täglich, manchmal ohne jede Pause. Um durchzuhalten essen wir trockene Früchte, die aber auch immer seltener werden. Die *Papuas* haben in Blätter gewickelte Larven und große Insekten mit. Wir essen sie, nicht

(Seite 148)
Irian Jaya (*Indonesisch-Neuguinea*).
Papuas vom Stamm *Dani*.

Irian Jaya (*Indonesisch-Neuguinea*).
Dani-Papuas machen Feuer, indem sie ein Rohrstück an einem aufgespaltenen Holzkloben mit einem Docht aus Zunder reiben.

ohne einen starken Ekel überwinden zu müssen. Man muss aber hinzufügen, dass wir durch unsere gastronomischen Erfahrungen in *Laos*, mit der Mischung aus Eiern und Ameisenbeinen, und in *Siberut*, mit dem Kosten lebender Larven von der Größe eines Daumens, von einem erwachsenen Mann aus Sagobäumen geholt, schon vorbereitet waren. Das Essen von Insekten ist weit davon entfernt, in Westeuropa populär zu sein, obwohl die Insekten seit der Antike gesammelt und als Lebensmittel sehr geschätzt waren und der Ekel vor ihnen grundlos zu sein scheint: Wir zuhause schätzen den Honig sehr, ein Produkt, das die Bienen doch erst verdauen und dann ausspeien, wir genießen ohne jeden Widerwillen die nicht gewaschenen, lebenden Muscheln, wir essen Schnecken und andere, nicht weniger unappetitliche Tiere, vor denen sich jeder Papua vor Ekel schütteln würde! Trotz einiger Schwierigkeiten im Gelände kommen wir direkt über den riesigen Ebenen des *Papua*-Territoriums an. Ein übernatürliches Schauspiel, wie eine Vision der Erde zu Beginn der Zeit. Von oben aus gesehen breitet sich die Vegetation wie ein großes, krauses und grünes Blätterdach bis zum *Arafura-Meer* aus, das man irgendwo hinter dem Horizont vermutet. Jeden Tag müssen wir die Träger von neuem überzeugen, sich immer etwas mehr in den Dschungel hineinzuwagen. Fast alle leiden unter Malaria. Auch wir haben trotz der gewissenhaften Einnahme von Medikamenten, wenig Chancen, von ihr verschont zu bleiben. In diesem Dschungel am Ende der Welt ist die sehr dichte, ständig vom Regen überflutete Vegetation nicht mehr bemoost, sondern wie vom Wasser poliert. Zahlreiche Plagegeister aller Art (Blutegel, vielfarbige Spinnen, Mosquitos, Mücken) entfalten ihre volle Tätigkeit und unsere Säcke füllen sich mit hunderten von Schaben. Das Summen

Irian Jaya (*Indonesisch-Neuguinea*). Das Tal von *Baliem*, Territorium *Dani*.

(Seite 151)
Irian Jaya (*Indonesisch-Neuguinea*). Dieser *Dani-Papua* überquert eine Brücke aus Lianen und trägt auf seinem Rücken das Federnetz eines Medizinmannes.

(Seite 152 und 153)
Irian Jaya (*Indonesisch-Neuguinea*). Territorium *Yali*. Im Zentrum befindet sich das Männerhaus, in dem die Waffen und Kultgegenstände aufbewahrt werden. Dieser heilige Ort ist unantastbar, selbst von den Feinden in der Kriegszeit. Die anderen Häuser beherbergen die Frauen, Kinder und - die Schweine, die als vollständige Familienmitglieder betrachtet werden.

der Insekten und verschiedenem fliegenden Getier mischt sich mit dem Vogelgesang und dem Schreien unserer neuen *Papua*-Begleiter. Das Rauschen der Blätter, das Knarren verfaulter Äste, das Klatschen unserer Stiefel bei jedem Schritt gesellen sich zu den ohrenbetäubenden Geräuschen dieser vom Wasser überfluteten Wildnis. Häufig muss unsere kleine Kolonne, bis zu den Schultern im Wasser und mit den Säcken auf dem Kopf, immer neue Hindernisse überwinden: Jeder Niederschlag bringt eine starke Zunahme des Wasserpegels, die Flüsse treten über ihre Ufer und das Wasser steigt über zwei Meter.

Die *Papuas*, denen wir begegnen, scheinen immer wilder und ärmer zu sein. Sie bewegen sich langsam, mit präzisen Gesten, reden nicht und unsere Anwesenheit scheint sie zu beunruhigen. Wir wollen keine Kontaktaufnahme erzwingen, aber wir kommen nicht weiter, ohne mit ihnen in Verbindung zu treten. Die Feuchtigkeit macht unsere Füße weiß, unsere Wunden werden größer und heilen nicht, aus dem kleinsten Moskitostich wird ein blutiges Geschwür. Wir sind am Ende unserer Kräfte, jeden Tag mehr erschöpft vom Wasser und der Auszehrung. Doch wir dürfen keine Zeit verlieren, wenn wir rechtzeitig ans Ziel unserer Reise kommen wollen. Diese *Papuas* sind die einzigen, die uns sagen können, wo sich die nächste bewohnte Lichtung befindet. Als wir fühlen, dass sie sich an unsere Anwesenheit gewöhnt haben, versuchen wir, an ihren Jagdaktivitäten teilzunehmen, aber wir sind zu laut und das Wild zu selten.

In der Gesellschaft der *Korowai* findet die Versorgung von Tag zu Tag statt, es gibt keine Vorräte. Leichter fällt es uns, ihnen beim Sammeln von Sago zu helfen: Man sucht zunächst einen Sagobaum, der von den Män-nern gefällt wird, dann höhlen die Frauen den Stamm aus, um an das

Irian Jaya (*Indonesisch-Neuguinea*). Während die *Dani*-Frauen gemeinsam das Schweinefleisch schmoren, richten sich die Männer her: Einige pflegen ihren Bart mit Hilfe eines kleinen, gespaltenen Aststückes, das sie als Pinzette benutzen.

Irian Jaya
(*Indonesisch-Neuguinea*).
Kombima, ein Träger vom Stamm der *Dani*, trinkt Wasser, das von einem Blatt herunterläuft, während ein anderer *Dani* sorgfältig Fleisch mit Hilfe einer scharfen Bambusklinge zerlegt.

(Seite 157)
Irian Jaya
(*Indonesisch-Neuguinea*).
Während eines Schweinefestes teilen die Dani ihre Mahlzeit mit uns. Sie bieten uns die Leber und das Fett an, die sie für die besten Bestandteile halten.

Gewebe, den Sago, zu kommen und ihn zu filtern. Die Entdeckung der ersten bewohnten Häuser, in einer Höhe von über fünfundzwanzig Metern in den Bäumen versteckt, ist ein bewegender Moment, auf den wir schon lange gewartet haben. Wir befinden uns im Herzen des Territoriums der *Korowai*, und den *coteka* trägt man seit der Grenze zu den Bergen nicht mehr. Die Menschen hier leben nackt, das Ende des Penis wird mit einer kleinen Kappe aus einem Blatt oder einer Fruchtschale umschlossen. Den durchbohrten oberen Teil der Nase schmücken Dornen des Sagobaums, Gras, Holzstücke oder selbst die riesigen Kinnbacken vom Kiefer der Hirschkäfers. Zwei Tagesmärsche weiter im Nordosten lebt der Clan der *Rowoyap* aus der Familie der *Korowai*. Unsere Träger verraten uns, dass sie sehr bösartig seien und jeden Kontakt mit der Außenwelt ablehnen. Selbst Fälle von Kannibalismus sind noch im Februar 1996 bekannt geworden.

Die Atmosphäre ist bedrohlich. Auf einer Lichtung in der Nähe eines höchstgelegenen Hauses scheinen die anderen *rumah Tingih* in einer Höhe von etwa zehn Metern verlassen zu sein. Nachdem wir die acht Meter lange, aus einem Stamm gefertigte und sehr glatte Leiter bewältigt haben, stellen wir fest, dass die Bewohner ihr Baumhaus Hals über Kopf verlassen haben. Auf dem Boden liegen zwei frisch geschälte Bananen neben dem noch rauchenden Feuer. Wir vermuten, dass sie uns aus der Nähe beobachten.
Es folgt eine unruhige Nacht. Die *Korowai* der Lichtung kehren dank der Vermittlung unserer *Papuas*, die uns hierher gebracht haben, in ihr Haus zurück. Unter einem Dach, das zum Trocknen des Sagoholzes genutzt wird und geschützt nur mit unserem Moskitonetz bereiten wir uns auf eine ganz besondere Nacht vor. Der Chef der Träger ist besorgt. Bis zum Morgen geht er hin und her, um unsere Sicherheit zu

(Seite 158)

Irian Jaya

(*Indonesisch-Neuguinea*).

Ein noch nicht geweihtes Kind und ein Mann, Träger der *coteka*.

Irian Jaya

(*Indonesisch-Neuguinea*).

Eine Frau mit Schlamm bedeckt als Zeichen ihres Witwenstandes. Bei jedem Verlust eines nahestehenden Menschen zögern die Papuafrauen nicht, sich Fingerglieder abzuhaken.

(Seite 161)

Irian Jaya

(*Indonesisch-Neuguinea*).

Alle Kinder werden bis zur »Weihe«, die die Knaben von den Mädchen offiziell trennt, als weiblich betrachtet. Vor dieser Zeremonie leben die Jungen mit ihren Müttern und Schwestern zusammen und haben nur sporadisch Kontakt mit der Welt der erwachsenen Männer. Wenn ihnen erlaubt wird, das Penis-Etui (*coteka*) zu tragen, bedeutet das für sie, dass sie erwachsen sind und damit Krieger.

gewährleisten. Es ist das erste Mal seit vier Wochen in diesem Dschungel!

Am nächsten Morgen nimmt ihre Feindseligkeit stark zu: Man macht mir klar, dass ich meine Filmaufnahmen zu beenden und den Baum, auf dem ich mich niederlasse, zu verlassen habe. In meinem Geschirr über fünfundzwanzig Meter hoch über dem Abgrund hängend löse ich meine Leinen und Klammern und lasse mich an meinem Seil zu Boden gleiten. Einige Minuten später verlassen wir die Lichtung.

Wenn der Erdboden zu sehr mit Wasser getränkt ist und sich die Spuren nicht mehr lesen lassen, brechen die *Papuas* an der Spitze der Kolonne Zweige in einem Meter Höhe ab, um uns zu zeigen, dass wir immer noch in die richtige Richtung marschieren. Das machen wir uns auch zu eigen: So können sie uns wiederfinden, wenn wir uns verlaufen haben.

Wir bahnen uns den Weg mit der Machete und erreichen schließlich die Ufer des Flusses *Dairam Kabur*, dessen Wasserpegel wegen starker Regenfälle angestiegen ist. Am gegenüber liegenden Ufer erscheint auf einem Erdhügel *Yapupla*, das erste Dorf, das die Indonesier errichtet haben, um die Stämme aus dem Dschungel zu locken. Dieses Dorf ist auch am nördlichsten und am weitesten von den Orten, die die Missionare und indonesischen Händler eroberten, entfernt. Wir hoffen, dort Pirogen bekommen zu können, um auf dem Fluß *Becking* hinunterzufahren und *Senggo* erreichen zu können. Für diese Nacht machen wir eine Pause.

Im orangefarbenen Licht der untergehenden Sonne erscheint vor uns das schönste und eindrucksvollste Panorama seit dem Anfang unserer Reise. In einem unglaublich dichten und grünen Dschungel sticht der *Dairam Kabur* mit seiner wunderbaren Farbenpalette von Blau, mit, von der Sonne getupft, rötlichen Reflexen hervor. Am Horizont erheben sich durch

Irian Jaya

(*Indonesisch-Neuguinea*).

Ein *Yali-Papua* bläst auf die Glut inmitten von trockenem Farnkraut.

Irian Jaya
(*Indonesisch-Neuguinea*).
Der Mann mit der Kette aus kleinen weißen Muscheln nimmt ein Hausschwein aus dem Feuer. Nach dem Zerlegen wird es geschmort.

Irian Jaya
(*Indonesisch-Neuguinea*).
Kriegstänze im *Yali*-Territorium.
Die gelben, um die Pfeilspitze
gewickelten Orchideenfasern sollen in der Wunde stecken bleiben
und sie infizieren.

den aufsteigenden Nebel, der alle diese Farben miteinander vermischt, die Berge *Trikora*, *Yamin* und *Mandala*. Ein kurzlebiges Naturschauspiel, das das Aufkommen der Nacht verwischt.
Am nächsten Tag fahren wir, begleitet vom Gesang der Pirogenlenker, den Fluss *Dairam Kabur* gegen Südwesten hinunter, in Richtung der Territorien der *Kombai* und *Citak*, die uns von dem der *Asmats* trennen.

Die Asmats

Nach fünf langen Tagen in der Piroge, nachdem wir nacheinander die Flüsse *Dairam Hitam*, *Becking* und *Siretsj* sowie zahlreichen Kanäle ohne Namen passiert haben, erreichen wir *Agats*, wo wir endlich auf einer richtigen Matratze schlafen und ein richtiges Essen einnehmen können. Die nächste Etappe führt nach *Omandesep*, dem Dorf in *Sud-Asma*, dessen neuere Geschichte mit dem Verschwinden von *Michael Rockefeller*, dem Sohn des berühmten New Yorker Zeitungsmagnaten, verbunden ist. Die *Asmats* sind für ihre primitive Art und ihre Rituale als Menschenfresser weltweit bekannt.
An Bord einer aus einem Baumstamm geschnittenen Piroge mit einem 45 PS starken Johnson-Motor fahren wir auf das Meer von *Arafura* hinaus. Um zu verhindern, dass unsere Schraube an den Wurzeln der Mangroven bricht, deren Stümpfe 400 m weit ins Meer reichen, müssen wir hohe Wellen hinnehmen, die reichlich in unser Boot schwappen. Neben dem Motor verbringt der *Papua* fünf Stunden damit, mit schnellen Bewegungen das Wasser aus dem Boot zu schöpfen.

Irian Jaya
(*Indonesisch-Neuguinea*).
Treffen der Generationen.

(nächste Seite).
Irian Jaya
(*Indonesisch-Neuguinea*).
Eine Jagdszene im Dschungel,
Yali-Territorium.

Wir haben *Omandesep* nie erreicht. Stattdessen biegen wir vorher in die riesige Mündung des *Siretsj* ab. Hier ging der mit Kunstwerken der *Asmat* vollbeladene Katamaran von *Michael Rockefeller* unter. Er selbst stürzte sich mit einem Benzinkanister aus Plastik als Rettungsboje ins Wasser und verschwand für immer in den Fluten.
Nachdem wir mehrer Stunden der rauen See getrotzt haben, müssen wir mit der zunehmenden Kälte kämpfen. Die überhandnehmende Auszehrung und der brutale Einbruch der Nacht erhöhen die Gefahr. Dabei müssen wir wachsam bleiben, weil wir zu jeder Zeit von einem abgedrifteten Baumstamm gerammt werden können. Das Salzwasser des *Arafura-Meeres* dringt überall ein und mischt sich schließlich mit unserem Benzin. Unser Moter versagt und uns bliebt nichts anderes übrig, als mit den Händen zu paddeln und dabei zu hoffen, dass die Krokodile, wie man uns versicherte, aus der Region tatsächlich verschwunden sind...

Irian Jaya
(*Indonesisch-Neuguinea*).
Dorf eines *Yali*-Stammes während eines Schweinefestes. Bei weit auseinander lebenden Stämmen kommt es nicht selten vor, dass eine Mutter gleichzeitig ihr Kind und ein Ferkel stillt.

(Seite 168 und 169)
Irian Jaya
(*Indonesisch-Neuguinea*).
Eine Jagdszene im Dschungel, *Yali*-Territorium.

Irian Jaya

(*Indonesisch-Neuguinea*).

Eine Jagdszene im

Korowai-Territorium.

Irian Jaya
(*Indonesisch-Neuguinea*).
Die *Korowai* haben lange Zeit jeden Kontakt mit der Außenwelt abgelehnt, auch heute noch gibt es Fälle von Kannibalismus.

Irian Jaya

(*Indonesisch-Neuguinea*).

In 25 m Höhe schützen Baumhäuser, *rumah tingih*, ihre Bewohner, die *Korowai*, vor Moskitos, wilden Tieren und dem Holzwurm.

Irian Jaya (*Indonesisch-Neuguinea*). Im Territorium der *Korowai* steigen die Frauen vom Baumhaus herab. Dazu benutzen sie einen etwa zehn Meter langen Mast, in den mit der Steinaxt Kerben eingehauen wurden. Diese »Mast-Leiter« wird am Fussboden des Hauses mit Rohrlianen befestigt und berührt den Erdboden nicht. Ihre Schwingungen kündigen Besuch an.

Irian Jaya (*Indonesisch-Neuguinea*). Ernte der Sagobäume im Norden des Territoriums von *Korowai*. Sie läuft in mehreren Phasen ab: zunächst suchen die Männer einen Baum aus und fällen ihn, dann höhlen die Frauen ihn mit ihren Holzäxten im Rhythmus ihrer Pfiffe aus. Die weißen Fasern filtrieren sie in einem einfachen wie wirkungsvollen Verfahren: Das um ihren Arm gewickeltes Rohr wird zum Feuermachen gebraucht. Die Hundezähne um ihren Hals zeigen die Zahl der Hunde an, die sie gegessen haben.

Irian Jaya

(*Indonesisch-Neuguinea*). Zwischen Steeboom und dem Fluß *Eilanden* scheinen die *Papuas* besonders hilfsbedürftig zu sein. Würmer befallen ihre Haut überall. Riesige Kiefer der Hirschkäfer zieren die Nasen dieser besonders wilden Menschen.

Die Ebene von *Irian Jaya* (*Indonesisch-Neuguinea*). So weit das Auge reicht, entrollt der Dschungel auf tausenden von Quadratkilometern seinen großen, grünen, krausen Teppich. Menschen haben mittendrin eine Lichtung geschaffen und Leben hinein gebracht.

(unten)
Irian Jaya (*Indonesisch-Neuguinea*). Die Frauen brauchen im Dschungel ständig ihre Hände. Aus diesem Grund tragen sie alles in einem Netz aus Pflanzenfasern auf ihrem Rücken, sowohl Waren als auch ihre Kinder.

Irian Jaya
(*Indonesisch-Neuguinea*).
Asmat-Papuas tragen in *Atsj* eine Perücke aus den trockenen Blättern des Sagobaumes und in der Nase den *»bipane«*, geformt aus einer Muschel oder aus einem menschlichen Schädel.

(links)
Irian Jaya
(*Indonesisch-Neuguinea*).
Zwischen den Bergen von *Trikora, Yamin, Mandala* und dem Territorium von *Asmat* leben die *Korowai*.

(Seite 186)
Irian Jaya
(*Indonesisch-Neuguinea*).
Asmat-Territorium. Der *Basim*, die Maske des Ahnen, wird geheim im Haus der Männer angefertigt, wenn die Zeit gekommen ist, den Geist des Ahnen in das Land der Toten zu führen. Sie wird von einem männlichen Nachfahren bei den rituellen Tänzen getragen. Auf dem vorderen Teil werden der Nabel, die Brust und das Geschlecht des Mannes gezeigt, auf dem Kopf trägt eine Art kleiner Mast Federn vom weißen Kakadu. Die Ärmel- und Kleiderenden bestehen aus den trockenen Blättern des Sagobaumes.

Asmat-Territorium. - Nachstellung einer Menschenjagd an Bord einer Piroge. Bis in die siebziger Jahre hinein waren die *Asmats* als Menschenfresser bekannt, was mit ihrem Glauben, dass das Essen von Menschenfleisch ihren Ahnen erlaubt in die Welt der Geister überzusiedeln, zusammenhängt.

Index der Personen, der Orte und der in diesem Buch verwendeten Eigennamen.

Ein besonderer Dank gilt den Autoren:

Jean-Michel ANDRIEU und Claude HEURTEUX
(Présidents de la Société AUGUSTE-THOUARD),
Anne-Lise CLAUZET-LOBO,
Bruno CORNETTE (ateliers Guion),
Jean-Pierre et Paola ARRIGO (photogravure ARRIGO),
Alain BORIO (SIPA-LABO) und seinem Team,
Thierry ROBINET und John WOLF,
Jean-Pierre RIGAL,
Aurelius und Hendricus NAPITUPULU,
Kyaw-Kyaw WIN, Nekinus,
Madjid MOUHEB (PSION FRANCE),
Jean-Pierre DUVAL (éditions ROMAIN PAGES),
Mireille HELFFER (directeur de recherche au CNRS,
spécialisée dans le domaine himalayen, ethno-musicologue,
chargée de mission au musée GUIMET),
Bernard BARILE, Ronan LEJONCOUR
und Laurent SÉVERAC.

Technische Daten :

Alle Fotografien wurden mit Kodak EPP 100, E 100 S, E 100 SW, Ektachrome 800/1600 Filmen aufgenommen.

Bei den verwendeten Kameras handelt es sich um LEICA R5-R6-R7, IIIc et M6 mit Linsen zwischen 15 mm und 280 mm, manchmal unter Verwendung von APO-Extendern (x1,4)

Die Fotografien dieses Bandes werden vertrieben durch die
HOA-QUI-Agentur
30 rue des Favorites, 75015 – Paris
tél 01 48 28 44 33 – fax 01 45 33 55 30.

Impressum

Deutsche Bibliothek - CIP-Einheitsaufnahme
Asiens, Die Geister
(Èric Lobo)
Weimar, ReiseArt Verlagsgruppe 2004/2005
ISBN 3-933572-09-6

Originalausgabe
Édition Romain Page, Sommiéres
ISBN 2-84350-003-6

1. Auflage 2004/2005
ReiseArt® Verlagsgruppe
Schillerstraße 17, 99423 Weimar
Tel.: 0 36 43-81 17 10, Fax: 0 36 43-81 17 19
E-Mail: info@reiseart.com, URL: www.reiseart.com

Bearbeitung deutsche Ausgabe:
MedienService Mathias Karge, Erfurt; mathias@karge.com
Annika Sindram, Berlin

Umwelthinweis:
Dieses Buch und der Schutzumschlag wurden auf chlorfrei gebleichtem Papier gedruckt. Die Einschrumpffolie - zum Schutz vor Verschmutzung - ist aus umweltverträglichem und recyclingfähigem PE-Material.

www.reiseart.de
www.reiseart.com